Publicado por Eido-Lit
Impreso en los Estados Unidos de América
Primera edición, 2026

ÍNDICE

INTRODUCCIÓN
De Manifestador a Multiplicador

Lo lograste.

Reprogramaste tu mente, cambiaste tu frecuencia y el dinero comenzó a moverse hacia ti. Quizás fue un cliente inesperado, un aumento, un negocio que despegó, o una cifra que antes parecía imposible. Cualquiera que haya sido la forma, el universo respondió. Y tú lo sabes.

Pero entonces ocurrió algo que nadie te advirtió.

El dinero llegó… y se fue igual de rápido. O llegó y lo gastaste con culpa. O llegó y lo guardaste con miedo. O peor: llegó, lo viste, y tu mente encontró la forma de sabotearlo antes de que pudiera quedarse.

Eso no es un fallo de tu manifestación. Es tu Termostato Financiero haciendo exactamente lo que fue programado para hacer.

El problema no es atraer la riqueza. El problema es sostenerla.

La manifestación te abre la puerta. Pero la administración fiel es lo que te permite cruzarla y quedarte del otro lado.

Hay una ley que pocos maestros espirituales enseñan: la abundancia que no se honra, se retira. No porque el universo castigue, sino porque el dinero, como toda energía, fluye hacia donde es recibido con conciencia, orden y gratitud. Y se aleja de la impulsividad, el miedo y el caos.

Esta guía no es sobre manifestar más. Es sobre convertirte en la persona que merece, recibe y multiplica lo que ya está llegando.

El Administrador Fiel no es alguien con más disciplina que tú. Es alguien con una identidad diferente a la tuya.

Esa identidad se construye con rituales. Con decretos. Con decisiones concretas tomadas desde la certeza, no desde el miedo.

En las páginas que siguen encontrarás un sistema completo: el Ritual de Reparto, la Regla de Inversión, los Primeros Pasos de multiplicación y el Cierre de Legado. No es teoría. Es el protocolo exacto que el Administrador Fiel ejecuta cada vez que el dinero entra a su vida.

Léelo una vez para entenderlo. Luego úsalo cada semana para vivirlo.

Tu riqueza ya está llegando. Adminístrala como quien sabe que hay más en camino.

Esta guía es el complemento práctico de La Oración que te Hace Millonario, Libro 1 del Sistema de Certeza Financiera. Si llegaste aquí primero, te invitamos a comenzar por el Libro 1.

El Ritual de 15 Minutos

El Hábito que Sostiene tu Riqueza

Toda transformación financiera real tiene una raíz invisible: un ritual diario que ancla tu identidad de Administrador Fiel antes de que el mundo intente recordarte quién eras.

El Ritual de 15 Minutos no es meditación opcional. Es el acto de mantenimiento de tu reprogramación. Se divide en dos momentos del día neurológicamente más receptivos: la mañana, cuando el subconsciente está saliendo del estado theta y es más permeable a nuevas instrucciones, y la noche, cuando está a punto de entrar en ese mismo estado y procesa con mayor intensidad lo que recibe.

Siete minutos en la mañana. Ocho en la noche. Quince en total.

Protocolo de la Mañana
7 Minutos

Hazlo antes de revisar tu teléfono, antes de hablar con alguien, antes de que el ruido del día entre.

Minutos 1 y 2 — La Escena de Riqueza

Al abrir los ojos — antes de moverte, antes de tocar nada — permite que tu cuerpo permanezca inmóvil por unos instantes. Respira dos veces profundo.

Luego cierra suavemente los ojos y regresa a tu Escena de Riqueza. No la visites como un sueño lejano. Habítala como un recuerdo. Activa los cinco sentidos. Siente la emoción de ese momento — el alivio, la paz, la certeza tranquila de quien ya llegó.

Dos minutos en esa frecuencia calibran tu Termostato para el día antes de que ninguna circunstancia externa tenga oportunidad de bajarlo.

Minutos 3 y 4 — El Ritual del Espejo

Levántate y camina hacia el espejo. Párate con la espalda recta, los hombros abiertos, los pies firmemente plantados.

Mira tus ojos — no tu imagen general, tus ojos — y declara tus Decretos de Riqueza. No los leas mecánicamente. Habítalos. Deja que cada uno aterrice completamente antes de continuar con el siguiente.

Minutos 5, 6 y 7 — La Oración de Provisión

Cierra los ojos. Respira profundo una vez. Declara con suavidad y certeza:

> *"Gracias, Fuente de Abundancia, porque hoy manifiesto ingresos inesperados y oportunidades rentables. Guía mi acción y mi palabra para que sirvan a mi misión. Soy un imán de riqueza hoy. Abro mi canal para recibir con gozo."*

Termina con tres segundos de silencio. Ahora abre los ojos y comienza tu día.

Protocolo de la Noche
8 Minutos

Hazlo en los últimos minutos antes de dormir, en un ambiente tranquilo y sin pantallas.

Minutos 1, 2 y 3 — El Reconocimiento

Abre tu Diario de Gratitud Financiera y tu Diario de Sincronicidades. Si no tienes tiempo para escribir, hazlo mentalmente. Pregúntate:

- ¿Hubo hoy alguna evidencia de provisión — por pequeña que sea?
- ¿Hubo hoy alguna sincronicidad — algún momento que se sintió alineado?
- ¿Tomé hoy alguna decisión desde la certeza en lugar del miedo?

Minutos 4 y 5 — La Consolidación

Con la gratitud activa en tu cuerpo repite internamente tus Decretos de Riqueza. No con la fuerza de la mañana — con suavidad. Deja que cada decreto fluya como una respiración. Inhala antes de cada uno, exhala mientras lo declaras.

La función de este momento es sellar lo que programaste en la mañana — confirmarle al subconsciente que la identidad que declaró al despertar sigue vigente al final del día.

Minutos 6, 7 y 8 — La Entrega

Tómate treinta segundos para identificar la carga más pesada del día. Nómbrala una vez. Visualízala como un objeto físico en tus manos. Con una exhalación lenta y deliberada, suéltala.

Desde ese estado de ligereza declara:

"Gracias porque estoy completamente blindado contra toda duda, miedo o envidia. Entrego el control del cómo y el cuándo a la Inteligencia Universal. La riqueza que he manifestado está protegida, multiplicada y en expansión constante. Hecho está."

Cierra con:

"Gracias por la provisión recibida hoy. Entrego todas mis cargas a la Inteligencia Superior. Mi Termostato Financiero está elevado. Despierto mañana renovado y en la frecuencia de la abundancia. Hecho está."

Duerme desde ese estado.

Cuando la noche no sale perfecta

Acostado, en voz muy baja: ***"Gracias por hoy. Entrego lo que no pude resolver. Duermo en paz."***

Cinco segundos. Suficiente.

El Ritual de Reparto

Las 5 Cubetas del Administrador Fiel

La mayoría de las personas administra su dinero de una sola manera: llega el ingreso, entra a una cuenta, y desde ahí se va pagando todo hasta que no queda nada. Sin orden. Sin intención. Sin distinción entre lo que construye libertad y lo que simplemente cubre la sobrevivencia.

El resultado es siempre el mismo: el dinero desaparece sin dejar rastro visible de hacia dónde fue, y la sensación de escasez persiste incluso cuando el ingreso no es pequeño.

El sistema de cubetas cambia eso de raíz.

No es un presupuesto de restricción. No te dice en qué no puedes gastar. Te dice exactamente a dónde va cada peso desde el momento en que llega, con un propósito claro, antes de que el impulso o el miedo tomen la decisión por ti.

La Historia Detrás del Sistema

El sistema de cubetas no es una idea nueva. Sus raíces vienen de una de las civilizaciones más prósperas de la historia antigua: los babilonios.

Hace más de cuatro mil años, en la ciudad más rica del mundo conocida, los babilonios practicaban un principio financiero que sus maestros transmitían de generación en generación: de cada diez monedas que ganes, una es tuya para guardar, una es tuya para dar, y el resto es tuyo para vivir.

Ese principio sobrevivió cuatro milenios porque no depende de la economía, del país donde vives, ni del monto de tus ingresos. Depende únicamente de la decisión de repartir antes de gastar.

En el siglo XX, el autor y coach financiero T. Harv Eker

modernizó este concepto en su sistema de seis jarras, asignando porcentajes específicos a distintos propósitos de vida. Otros maestros financieros y espirituales han desarrollado variaciones similares a lo largo de los años.

El sistema de las 5 Cubetas que encontrarás en estas páginas combina esa sabiduría ancestral con los principios de la administración consciente que ya conoces: el Termostato Financiero, la identidad del Multiplicador y la certeza como base de toda decisión.

No es teoría importada. Es un sistema vivo, diseñado para funcionar en tu realidad concreta.

Por qué el Sistema de Cubetas Supera al Presupuesto Tradicional

Un presupuesto tradicional te dice cuánto puedes gastar en cada categoría. Su lógica es la restricción: "No puedes gastar más de X en esto."

El sistema de cubetas funciona desde una lógica completamente diferente: la intención. No te restringe. Te da destino. "Este dinero ya tiene un propósito antes de que llegue."

La diferencia psicológica es enorme.

La restricción activa el Termostato de Miedo. Genera resentimiento, sensación de privación y eventualmente rebelión impulsiva — ese momento en que "rompes la dieta financiera" y gastas de más porque te cansaste de sentirte limitado.

La intención activa el Termostato de Abundancia. Genera orden, paz mental y la satisfacción de saber que cada área de tu vida está siendo atendida conscientemente.

Con el sistema de cubetas no hay categorías prohibidas. Hay categorías planificadas. Y esa diferencia lo cambia todo.

Las 5 Cubetas

Cubeta 1 — Libertad Financiera 10%

Propósito: Multiplicación. Dinero que jamás se toca.

Esta es la cubeta más importante del sistema. No porque sea la más grande — es apenas el 10% — sino porque es la única que trabaja para tu futuro mientras tú vives tu presente.

El dinero de esta cubeta no existe para gastarse. Existe para invertirse. Para crecer. Para convertirse en el mecanismo que eventualmente genera ingresos sin que tú tengas que intercambiar tiempo por dinero.

Cada peso que entra a esta cubeta es un empleado nuevo que contrataste para trabajar por ti sin sueldo, sin vacaciones y sin renunciar.

El significado espiritual de esta cubeta:

Apartar el 10% para tu libertad financiera antes de gastar cualquier otra cosa es el acto de fe más poderoso que existe en el ámbito del dinero. Le estás diciendo al universo: *"Confío en que el 90% restante es suficiente para mis necesidades de hoy. Y confío en que este 10% construirá mi libertad de mañana."*

Esa confianza no es ingenuidad. Es una decisión de identidad que reprograma tu Termostato cada vez que la ejecutas.

Cómo configurarla en la práctica:

Abre una cuenta de inversión o brokerage completamente separada de tu cuenta de uso cotidiano. Idealmente en una institución diferente a donde tienes tu cuenta principal — esto crea una barrera psicológica adicional que reduce la tentación de acceder a ella impulsivamente.

Etiquétala con un nombre que active tu motivación, no solo su función. En lugar de "Cuenta de Inversión", llámala "Mi Libertad" o "Mi Futuro" o "Libertad Financiera [tu nombre]". El nombre importa porque cada vez que la ves, refuerza tu identidad.

Configura una transferencia automática el mismo día que recibes cada ingreso. No el día después. No cuando te acuerdes. El mismo día. La automatización elimina la fricción y convierte el hábito en sistema.

Errores comunes:

El error más frecuente es ver esta cubeta como un fondo de emergencia. No lo es. Para eso existe el Colchón de Certeza. Esta cubeta es intocable incluso en emergencias — porque si la tocas en cada crisis, nunca crecerá lo suficiente para crear la libertad que promete.

El segundo error es esperar a tener "suficiente" para abrir la cuenta. Ábrela hoy. Deposita lo que sea — $10, $20, $50. Lo que importa no es el monto inicial sino la existencia del sistema.

Decreto de Transferencia:

"Doy este 10% a mi futuro con certeza y gratitud. Se multiplica para mi libertad y para el legado de quienes amo."

Cubeta 2 — Ahorro para Metas Grandes 10%

Propósito: Paz y preparación para la próxima meta de gran valor.

Esta cubeta es el puente entre tu vida actual y la vida que estás construyendo. No es para emergencias — eso es el Colchón de Certeza. No es para gastos cotidianos — eso es la Cubeta de Necesidades. Es específicamente para las metas financieras grandes que requieren acumulación planificada: un viaje significativo, un auto que pagues de contado, el enganche de una propiedad, el capital inicial de un negocio, equipamiento importante para tu trabajo.

El significado espiritual de esta cubeta:

Ahorrar para una meta grande con anticipación es una declaración de certeza. Le estás diciendo al universo: "Ya sé que esto viene. Ya estoy preparando el espacio para recibirlo." No esperas a que llegue el dinero para planificar la meta. Planificas la meta y el dinero llega a un sistema que ya lo espera.

Cómo configurarla en la práctica:

Esta cubeta funciona mejor cuando está vinculada a una meta específica y nombrada. No una cuenta genérica de ahorro, sino una cuenta etiquetada con el nombre de lo que estás construyendo: *"Fondo Casa de la Certeza"*, *"Viaje Europa 2026"*, *"Capital Negocio Digital"*.

Cuando una meta se cumple y la cuenta se vacía, inmediatamente dale un nombre nuevo a la siguiente meta. La cubeta nunca queda sin propósito — siempre está trabajando hacia algo concreto.

Si tienes varias metas simultáneas, puedes dividir este 10% entre ellas según prioridad, o abrir sub-cuentas de ahorro para cada una si tu banco lo permite.

Errores comunes:

El error más frecuente es usar esta cubeta para cubrir gastos del mes cuando la Cubeta de Necesidades se queda corta. Ese hábito destruye el propósito de la cubeta y retrasa indefinidamente las metas grandes.

El segundo error es no tener una meta nombrada. Una cubeta de ahorro sin nombre es dinero flotando sin propósito que eventualmente se absorbe en gastos cotidianos.

Decreto de Transferencia:

> *"Este 10% es mi certeza en acción. Cada peso que acumulo aquí me acerca a la meta que ya declaré como mía. El universo responde a mi preparación."*

Cubeta 3 — Recreación Plena 10%

Propósito: Certeza y merecimiento. Gastar sin culpa.

Esta es la cubeta que más sorprende a las personas cuando la descubren por primera vez. ¿Un sistema de administración financiera que incluye una cubeta obligatoria para el placer?

Sí. Y no es un lujo opcional. Es una necesidad psicológica fundamental del sistema.

El significado espiritual de esta cubeta:

El Administrador Fiel no vive solo para el futuro. Vive plenamente en el presente mientras construye ese futuro. La Cubeta de Recreación Plena existe para recordarte que la abundancia no es solo una promesa de mañana — es una realidad de hoy.

Más importante aún: gastar conscientemente en placer, sin culpa, entrena tu subconsciente para asociar el dinero con bienestar en lugar de con miedo o privación. Cada vez que disfrutas tu Cubeta de Recreación Plena completamente y sin culpa, estás recalibrando tu Termostato hacia arriba.

La persona que no se permite disfrutar su abundancia presente rara vez logra sostener la abundancia futura. El merecimiento se practica, no se declara.

Cómo configurarla en la práctica:

Esta cubeta tiene una regla única que la diferencia de todas las demás: debe gastarse completamente cada mes. No se acumula. No se pasa al mes siguiente. No se "ahorra para algo grande." Se gasta en lo que te da placer genuino, sin justificación y sin culpa. Si no la gastas completamente, tu subconsciente interpreta que no te mereces el placer — lo cual refuerza exactamente la programación de escasez que estás intentando disolver.

Planifica tu placer al inicio del mes en el Presupuesto de Certeza. No lo dejes al azar — decide con anticipación en qué lo disfrutarás para que sea una experiencia intencional, no un gasto impulsivo de último minuto.

Errores comunes:

El error más frecuente es transferir el dinero de esta cubeta a otra cuando el mes está apretado. Ese hábito le enseña a tu subconsciente que el placer siempre cede ante la presión — lo cual refuerza la identidad del consumidor que sacrifica su bienestar presente por miedos futuros.

El segundo error es gastar esta cubeta en cosas que en realidad son necesidades — groceries extra, ropa básica, servicios esenciales. Esta cubeta es para placer puro y no esencial. Cenas especiales, experiencias, caprichos, lujos pequeños, entretenimiento.

Decreto de Transferencia:

> *"Me merezco este 10%. Lo disfruto sin culpa y sin límite. Soy abundante hoy, no solo en el futuro. Mi placer presente es la prueba de que la riqueza ya es mi realidad."*

Cubeta 4 — Dar / Siembra 10%

Propósito: Flujo. Activar el principio de la cosecha dando con certeza.

Esta cubeta es la que más resistencia genera en las personas que vienen de una programación de escasez. La lógica del miedo dice: *"Si ya tengo poco, ¿cómo voy a dar el 10%?"* La lógica del Administrador Fiel dice: "Si no activo el flujo, el dinero no circula hacia mí."

El dar no es generosidad ciega. Es la comprensión de que el dinero es energía, y la energía que no fluye se estanca. La Cubeta de Siembra es la que mantiene el flujo activo en tu ecosistema financiero.

El significado espiritual de esta cubeta:

Todas las tradiciones espirituales del mundo — sin excepción — enseñan el principio de la siembra y la cosecha. No como metáfora sino como ley. Lo que das con gozo y certeza regresa multiplicado. Lo que das con resentimiento o miedo regresa disminuido o no regresa.

La diferencia entre ambas experiencias no está en el acto de dar. Está en el estado interno desde el que das. Por eso esta cubeta tiene un decreto de transferencia — para asegurarte de que cada siembra sea un acto consciente de abundancia, no una obligación resentida.

Cómo configurarla en la práctica:

Define con anticipación a dónde va tu siembra. No lo decidas en el momento impulsivo — decídelo cuando estás en calma, alineado con tus valores. Puede ser una iglesia o comunidad espiritual, una causa en la que crees, una persona específica que quieres apoyar, o una combinación de destinos que rotas según el mes.

La transferencia de esta cubeta debe hacerse con la misma intención que la Cubeta de Libertad Financiera: el mismo día que recibes el ingreso, antes de gastar, con decreto consciente.

Registra cada siembra en tu Registro de Siembras — la sección de este libro dedicada a documentar tus actos de generosidad y sus cosechas. Esa evidencia acumulada es lo que transforma la fe en certeza.

Errores comunes:

El error más frecuente es dar solo cuando "hay de más." Esa lógica nunca activa el principio de la cosecha porque siempre hay algo más urgente que justifica esperar. La siembra va antes, no después.

El segundo error es dar con resentimiento o culpa — sentir que "debes" dar aunque no quieras. Si llegas a ese punto, reduce el porcentaje temporalmente hasta que puedas dar con gozo genuino. Un 2% dado con certeza activa más flujo que un 10% dado con resentimiento.

Decreto de Transferencia:

> *"Doy con gozo y certeza. Este 10% es una bendición que libero al universo con gratitud. Sé que regresa a mí multiplicado porque opero bajo la ley de la cosecha."*

Cubeta 5 — Necesidades 60%

Propósito: Control y suficiencia. Gastos fijos esenciales.

Esta es la cubeta más grande del sistema y la que cubre la base de tu vida cotidiana: vivienda, alimentación, transporte, servicios, salud y educación. El 60% de cada ingreso va aquí, y desde aquí se pagan todas las responsabilidades financieras fijas.

de tu vida financiera está dedicado a tu crecimiento, tu libertad, tu generosidad y tu gozo.

La mayoría de las personas gasta entre el 90% y el 100% de sus ingresos en necesidades y consumo, dejando cero para las cubetas de multiplicación. El sistema de las 5 Cubetas invierte esa proporción con una pregunta poderosa: ¿y si organizaras tu vida de manera que el 60% fuera suficiente?

Esa pregunta no tiene una respuesta inmediata para todos. Algunos necesitarán tiempo para ajustar sus gastos fijos al 60%. Otros descubrirán que ya estaban cerca y solo necesitaban estructura. El punto no es la perfección inmediata sino el movimiento consciente hacia ese equilibrio.

Cómo configurarla en la práctica:

A diferencia de las otras cubetas, esta no necesita una cuenta separada. Es tu cuenta corriente principal — la que ya tienes. Lo que cambia es cómo la usas: con el 60% claramente definido y protegido para gastos esenciales, sin mezclarlo con las otras cubetas.

Más adelante en esta guía encontrarás el Presupuesto de Certeza — específicamente la tabla de gastos fijos — que te ayudará a mapear exactamente en qué se va tu 60% cada mes. Si el total de tus gastos fijos esenciales supera el 60% de tus ingresos actuales, tienes dos opciones: reducir gastos no esenciales que se han colado como "necesidades", o trabajar activamente en aumentar tus ingresos totales hasta que el 60% sea suficiente.

La trampa del 60%:

El 60% es el porcentaje más vulnerable a la inflación del estilo de vida — ese fenómeno donde tus gastos crecen automáticamente cada vez que tus ingresos aumentan. Un aumento de sueldo que va completamente a la Cubeta de Necesidades no mejora tu situación financiera real. Solo sube el costo de tu punto de partida.

El Administrador Fiel mantiene el 60% como porcentaje fijo, independientemente de cuánto crezcan sus ingresos. Si ganas más, las otras cubetas crecen proporcionalmente. El estilo de vida puede mejorar dentro del 60%, pero no puede expandirse para absorber el crecimiento de los otros porcentajes.

Errores comunes:

El error más frecuente es incluir gastos no esenciales en esta cubeta para justificarlos como "necesidades." Las suscripciones de entretenimiento, las cenas frecuentes en restaurantes, la ropa más allá de lo funcional — estos son gastos de placer y deben salir de la Cubeta de Recreación Plena no de Necesidades.

El segundo error es usar esta cubeta como fuente de emergencia cuando otra cubeta se queda corta. Cada cubeta tiene un propósito fijo. Mezclarlas destruye el sistema.

Decreto de Transferencia:

> *"Con este 60% cubro mi vida con dignidad y gratitud. Tengo suficiente. Siempre hay suficiente. Y mientras mi vida está cubierta, el 40% restante construye mi libertad."*

Cómo Configurar tu Sistema de 5 Cubetas Hoy

No necesitas cinco cuentas bancarias desde el primer día. Necesitas claridad y un punto de partida. Aquí está el camino más práctico para implementar el sistema según donde estés:

Si estás comenzando desde cero:

Abre una segunda cuenta de ahorro etiquetada como "Libertad Financiera" y empieza a transferir tu 10% ahí. Eso es todo. Con esa sola acción ya tienes el sistema más importante activo. El resto lo construyes gradualmente.

Si ya tienes una cuenta de ahorro:

Redesígnala como tu Cubeta de Ahorro para Metas Grandes y abre una cuenta nueva para tu Cubeta de Libertad Financiera. Empieza a separar físicamente ambos propósitos.

Si quieres el sistema completo:

Abre cuentas o designa sobres físicos para cada cubeta. Muchos bancos digitales permiten crear sub-cuentas con nombres personalizados — esto hace el sistema extremadamente visual y fácil de mantener.

El orden de prioridad para configurar las cubetas es:

1. Primero: Cubeta de Libertad Financiera — es la más importante
2. Segundo: Cubeta de Ahorro para Metas Grandes — la segunda en impacto
3. Tercero: Cubeta de Recreación Plena — sana tu relación con el merecimiento

4. Cuarto: Cubeta de Dar / Siembra — activa el flujo
5. La Cubeta de Necesidades ya existe — es tu cuenta corriente actual

Mi Sistema de 5 Cubetas
Registro de Implementación

Completa esto ahora para activar formalmente tu sistema:

CUBETA 1 — LIBERTAD FINANCIERA

Nombre de la cuenta o institución: ____________________

Fecha en que la abrí o designé: ____________

Saldo inicial: $____________

¿Transferencia automática configurada? □ Sí □ No

Fecha de configuración: ____________

Mi decreto personal para esta cubeta:

____

____

____

____

____

CUBETA 2 — AHORRO PARA METAS GRANDES

Nombre de la cuenta: ____________________

Meta actual: ________________

Fecha en que la abrí o designé: ____________

Saldo inicial: $____________

Monto meta para esta cubeta: $____________

Fecha meta: ________________

Mi decreto personal para esta cubeta:

____

____

____

____

____

CUBETA 3 — RECREACIÓN PLENA

Mi placer planificado este mes es:

____

____

Monto asignado: $_______________

Fecha aproximada de disfrute: _______________

Mi decreto personal para esta cubeta:

____

____

____

____

____

CUBETA 4 — DAR / SIEMBRA

A dónde va mi siembra este mes:

____

____

Fecha en que haré la transferencia: _______________

Monto: $__________________

Mi decreto personal para esta cubeta:

____

____

____

____

____

CUBETA 5 — NECESIDADES

Mi Cubeta de Necesidades mensual es: $____________________

¿Cubre el 60% de mi ingreso actual mis gastos esenciales?

□ Sí □ No □ Casi

Si no, el ajuste que haré es:

____

____

Mi decreto personal para esta cubeta:

____

____

____

____

____

Decreto de Activación del Sistema:

"Hoy activo mi sistema de 5 Cubetas. Cada ingreso que llegue a mi vida a partir de este momento será recibido con orden, con intención y con certeza. No administro dinero. Administro energía. No hago presupuestos. Declaro propósitos. Cada cubeta representa una dimensión de mi abundancia: mi libertad, mis metas, mi flujo, mi gozo y mi vida cotidiana. Las cinco juntas forman el sistema que convierte al Manifestador en Multiplicador. Hecho está."

Firma:____________________________

Fecha:____________________________

La Prueba de Fuego
(Manejo de Ingresos Inesperados)

Hay un momento específico en la vida del Manifestador que se convierte en el examen más importante de su transformación. No es cuando el dinero escasea. Es cuando el dinero llega de golpe, sin que lo esperaras, en una cantidad que supera tu zona de confort.

Ese momento es la Prueba de Fuego.

Y casi nadie la pasa la primera vez.

No porque sean débiles. Sino porque nadie les explicó lo que ocurre en su mente exactamente en ese instante.

Por qué el Ingreso Inesperado es Diferente

Cómo ya bien sabes, tu cerebro tiene un mecanismo de supervivencia llamado Termostato Financiero. Este termostato fue calibrado durante años por lo que viste, escuchaste y experimentaste sobre el dinero en tu infancia y entorno. Tiene una temperatura fija — un nivel de abundancia que considera "normal" para ti.

Cuando tus ingresos regulares llegan, el Termostato no se alarma. Ya los espera. Ya sabe qué hacer con ellos.

Pero cuando llega un ingreso inesperado — un bono, una venta grande, una herencia, un cliente que paga más de lo que cotizaste, un regalo significativo — el Termostato se dispara como una alarma de incendio.

"Esto es demasiado. Esto no es normal. Esto no es para mi."

Y entonces actúa. Rápido. Antes de que tu mente consciente pueda intervenir.

Lo hace de tres formas principales:

El Gasto Impulsivo: De repente tienes una urgencia irresistible de comprar algo que no planeabas. Un viaje, un gadget, ropa, una celebración desproporcionada. Tu Termostato está bajando la temperatura lo más rápido que puede.

La Generosidad Excesiva: Sientes que debes dar ese dinero inmediatamente — prestarlo, regalarlo, donarlo todo — antes de que "algo malo pase." Es generosidad disfrazada de miedo.

La Parálisis: No puedes decidir qué hacer con el dinero. Lo dejas en tu cuenta sin tocarlo, pero tampoco lo inviertes. El miedo a equivocarte te congela y el dinero termina disolviéndose en gastos cotidianos sin que te des cuenta.

Las tres respuestas tienen el mismo resultado: el dinero extra desaparece y tu Termostato regresa a su temperatura habitual.

Conocer este mecanismo es el primer paso para vencerlo.

El Protocolo de la Prueba de Fuego

La próxima vez que llegue un ingreso inesperado, ejecuta este protocolo en orden. No improvises. No "*ya veré que hago.*" El Administrador Fiel tiene un sistema para este momento exacto.

PASO 1 — El Decreto de Recepción (en el momento)

En el instante en que recibes la notificación, el pago, o el dinero en mano, detente. Respira. Pon la mano en el pecho y di en voz alta o en silencio:

"Gracias. Este ingreso es bienvenido a mi sistema de multiplicación. Lo honro con orden y certeza. Mi Termostato está calibrado para recibirlo y multiplicarlo."

Este decreto interrumpe la respuesta automática del Termostato de Miedo antes de que tome el control.

PASO 2 — La Regla de las 24 Horas

No tomes ninguna decisión sobre ese dinero durante las próximas 24 horas. No lo gastes. No lo prestes. No lo muevas. No planifiques en qué lo vas a usar.

Déjalo estar.

Este tiempo no es inacción. Es entrenamiento. Le estás enseñando a tu mente que el dinero puede estar presente sin que necesites deshacerte de él inmediatamente. Que no te quema. Que no es peligroso. Que puedes controlarlo.

Si sientes una urgencia intensa de gastarlo durante esas 24 horas, anota en tu diario qué quieres comprar y por qué. Observa el impulso sin actuar desde él. Esa observación es uno de los ejercicios de reprogramación más poderosos que existen.

PASO 3 — El Reparto Especial de Ingresos Inesperados

Después de las 24 horas, aplica esta regla sin excepciones:

El 50% del ingreso inesperado va directamente a tus Cubetas de Multiplicación:

- 25% → Cubeta de Libertad Financiera (inversión)
- 25% → Cubeta de Ahorro para Metas Grandes

El 50% restante se distribuye normalmente entre tus otras cubetas según tu criterio y necesidades del momento.

Esta regla existe por una razón muy específica: los ingresos inesperados son las semillas más poderosas que el universo te envía. Si las consumes todas, el campo queda vacío. Si plantas la mitad, la otra mitad puedes disfrutarla sin culpa porque cumpliste con tu sistema.

PASO 4 — El Decreto de Transferencia

Antes de mover el 50% a tus Cubetas de Multiplicación, declara:

> *"Transfiero este dinero con certeza y gratitud. Sé que la mitad que invierto hoy regresará multiplicada. La mitad que disfruto la recibo sin culpa porque soy un Administrador Fiel que honra su sistema. Este ingreso inesperado es la prueba de que el universo confía en mi administración."*

PASO 5 — El Registro de la Prueba

Anota este ingreso en tu Registro de Siembras y en tu Registro Semanal. Escribe cómo te sentiste cuando llegó, qué impulso tuviste y cómo respondiste. Esta evidencia escrita es lo que fortalece tu Termostato para la próxima prueba.

Cada Prueba de Fuego que pasas calibra tu Termostato un poco más arriba. La primera es la más difícil. La quinta ya se siente natural. La décima ya es quien eres.

Situaciones Comunes de Prueba de Fuego

Reconoce estas situaciones antes de que lleguen para que tu sistema ya esté activo cuando ocurran:

El bono laboral inesperado — Llega en diciembre o en un mes que no esperabas. El impulso es gastarlo en fiestas o regalos. Aplica el protocolo antes de abrir ninguna tienda en línea.

La venta grande de tu negocio — Un cliente paga una cantidad mayor a tu promedio habitual. El impulso es "reinvertir todo en el negocio" sin pasar por las cubetas. Recuerda: tú eres parte del negocio. Tu Libertad Financiera también se alimenta de estas ventas.

El regalo de dinero — Un familiar te da una cantidad significativa. El impulso es gastarlo en algo "especial" porque "no es dinero que trabajé." Todo dinero que entra a tu vida merece el mismo nivel de administración.

La devolución o reembolso grande — Un pago de impuestos, una devolución de seguro, un depósito que regresa. El impulso es verlo como "dinero extra" y no como ingreso real. Es ingreso real. Aplica el protocolo.

La venta de algo que poseías — Un auto, un artículo de valor, algo que ya no usas. El impulso es reemplazarlo inmediatamente por algo similar. Antes de gastar, pasa por las cubetas.

Mi Registro de Pruebas de Fuego

Usa este espacio para documentar cada ingreso inesperado que recibas y cómo lo administraste. Ver tu progreso escrito es una de las herramientas de reprogramación más poderosas que existen.

PRUEBA DE FUEGO 1

Fecha: ________________

Tipo de ingreso: ____________________

Monto recibido: $____________________

¿Qué impulso sentí cuando llegó?

____

¿Esperé 24 horas antes de decidir? □ Sí □ No

50% transferido a Cubetas de Multiplicación: $_______________

Fecha: ____________

¿Cómo me sentí después de aplicar el protocolo?

____

PRUEBA DE FUEGO 2

Fecha: ________________

Tipo de ingreso: ____________________

Monto recibido: $____________________

¿Qué impulso sentí cuando llegó?

____

¿Esperé 24 horas antes de decidir? □ Sí □ No

50% transferido a Cubetas de Multiplicación: $_______________

Fecha: ____________

¿Cómo me sentí después de aplicar el protocolo?

____

PRUEBA DE FUEGO 3

Fecha: ______________

Tipo de ingreso: _________________

Monto recibido: $_________________

¿Qué impulso sentí cuando llegó?

____

¿Esperé 24 horas antes de decidir? □ Sí □ No

50% transferido a Cubetas de Multiplicación: $_____________

Fecha: __________

¿Cómo me sentí después de aplicar el protocolo?

____

PRUEBA DE FUEGO 4

Fecha: ______________

Tipo de ingreso: _________________

Monto recibido: $_________________

¿Qué impulso sentí cuando llegó?

____

¿Esperé 24 horas antes de decidir? □ Sí □ No

50% transferido a Cubetas de Multiplicación: $_____________

Fecha: __________

¿Cómo me sentí después de aplicar el protocolo?

____

PRUEBA DE FUEGO 5

Fecha: ________________

Tipo de ingreso: ____________________

Monto recibido: $____________________

¿Qué impulso sentí cuando llegó?

____

¿Esperé 24 horas antes de decidir? □ Sí □ No

50% transferido a Cubetas de Multiplicación: $_______________

Fecha: ____________

¿Cómo me sentí después de aplicar el protocolo?

____

Decreto final de la sección:

> *"Estoy listo para la Prueba de Fuego porque tengo un sistema. Cuando el ingreso inesperado llegue, no reaccionaré desde el miedo ni desde el impulso. Ejecutaré mi protocolo con calma y certeza. Cada prueba que paso me convierte en un Administrador Fiel más fuerte. El universo me envía estas pruebas porque sabe que estoy listo para pasarlas."*

Registro Semanal de Ingresos y Reparto

El Administrador Fiel lleva el registro

El registro lleva la certeza.

Lo que no se mide, no se multiplica. Este registro no es contabilidad — es un acto espiritual de reconocimiento. Cada vez que anotas un ingreso y su reparto, le estás diciendo al universo: "*Vi lo que me enviaste. Lo honré. Estoy listo para más.*"

Usa una página por semana. Sé honesto. No hay respuestas correctas o incorrectas — solo conciencia o inconsciencia.

Semana 1

Fecha:________________

INGRESO	FUENTE	MONTO TOTAL
Ingreso 1	__________	__________
Ingreso 2	__________	__________
Ingreso 3	__________	__________
Ingreso 4	__________	__________
Ingreso 5	__________	__________
TOTAL SEMANAL		__________

MI REPARTO DE CUBETAS

CUBETA		MONTO ASIGNADO	¿TRANSFERIDO?
Libertad Financiera	10%	__________	□Sí □No
Ahorro para Metas	10%	__________	□Sí □No
Recreación Plena	10%	__________	□Sí □No
Dar / Siembra	10%	__________	□Sí □No
Necesidades	60%	__________	□Sí □No

Reflexión de la semana:

¿Hubo algún ingreso inesperado?

____

____

____

¿Apliqué la Prueba de Fuego (50% a Libertad y Ahorro)? □Sí □No

¿Mi Cubeta de Libertad Financiera permanece intacta? □Sí □No

Mi decreto de cierre de semana:

____

____

____

Semana 2

Fecha:______________

INGRESO	FUENTE	MONTO TOTAL
Ingreso 1	______	______
Ingreso 2	______	______
Ingreso 3	______	______
Ingreso 4	______	______
Ingreso 5	______	______
TOTAL SEMANAL		______

MI REPARTO DE CUBETAS

CUBETA		MONTO ASIGNADO	¿TRANSFERIDO?
Libertad Financiera	10%	______	□Sí □No
Ahorro para Metas	10%	______	□Sí □No
Recreación Plena	10%	______	□Sí □No
Dar / Siembra	10%	______	□Sí □No
Necesidades	60%	______	□Sí □No

Reflexión de la semana:

¿Hubo algún ingreso inesperado?

____

____

____

¿Apliqué la Prueba de Fuego (50% a Libertad y Ahorro)? ☐Sí ☐No

¿Mi Cubeta de Libertad Financiera permanece intacta? ☐Sí ☐No

Mi decreto de cierre de semana:

____

____

____

Semana 3

Fecha:________________

INGRESO	FUENTE	MONTO TOTAL
Ingreso 1	________	________
Ingreso 2	________	________
Ingreso 3	________	________
Ingreso 4	________	________
Ingreso 5	________	________
TOTAL SEMANAL		________

MI REPARTO DE CUBETAS

CUBETA		MONTO ASIGNADO	¿TRANSFERIDO?
Libertad Financiera	10%	________	☐Sí ☐No
Ahorro para Metas	10%	________	☐Sí ☐No
Recreación Plena	10%	________	☐Sí ☐No
Dar / Siembra	10%	________	☐Sí ☐No
Necesidades	60%	________	☐Sí ☐No

Reflexión de la semana:

¿Hubo algún ingreso inesperado?

____

____

____

¿Apliqué la Prueba de Fuego (50% a Libertad y Ahorro)? ☐Sí ☐No

¿Mi Cubeta de Libertad Financiera permanece intacta? ☐Sí ☐No

Mi decreto de cierre de semana:

____

____

____

Semana 4

Fecha:________________

INGRESO	FUENTE	MONTO TOTAL
Ingreso 1	________	________
Ingreso 2	________	________
Ingreso 3	________	________
Ingreso 4	________	________
Ingreso 5	________	________
TOTAL SEMANAL		________

MI REPARTO DE CUBETAS

CUBETA		MONTO ASIGNADO	¿TRANSFERIDO?
Libertad Financiera	10%	________	□Sí □No
Ahorro para Metas	10%	________	□Sí □No
Recreación Plena	10%	________	□Sí □No
Dar / Siembra	10%	________	□Sí □No
Necesidades	60%	________	□Sí □No

Reflexión de la semana:

¿Hubo algún ingreso inesperado?

___

___

___

¿Apliqué la Prueba de Fuego (50% a Libertad y Ahorro)? ☐Sí ☐No

¿Mi Cubeta de Libertad Financiera permanece intacta? ☐Sí ☐No

Mi decreto de cierre de semana:

___

___

___

Semana 5

Fecha:________________

INGRESO	FUENTE	MONTO TOTAL
Ingreso 1	________	________
Ingreso 2	________	________
Ingreso 3	________	________
Ingreso 4	________	________
Ingreso 5	________	________
TOTAL SEMANAL		________

MI REPARTO DE CUBETAS

CUBETA		MONTO ASIGNADO	¿TRANSFERIDO?
Libertad Financiera	10%	________	☐Sí ☐No
Ahorro para Metas	10%	________	☐Sí ☐No
Recreación Plena	10%	________	☐Sí ☐No
Dar / Siembra	10%	________	☐Sí ☐No
Necesidades	60%	________	☐Sí ☐No

Reflexión de la semana:

¿Hubo algún ingreso inesperado?

____

____

____

¿Apliqué la Prueba de Fuego (50% a Libertad y Ahorro)? ☐Sí ☐No

¿Mi Cubeta de Libertad Financiera permanece intacta? ☐Sí ☐No

Mi decreto de cierre de semana:

____

____

____

Semana 6

Fecha:________________

INGRESO	FUENTE	MONTO TOTAL
Ingreso 1	__________	__________
Ingreso 2	__________	__________
Ingreso 3	__________	__________
Ingreso 4	__________	__________
Ingreso 5	__________	__________
TOTAL SEMANAL		__________

MI REPARTO DE CUBETAS

CUBETA		MONTO ASIGNADO	¿TRANSFERIDO?
Libertad Financiera	**10%**	__________	☐**Sí** ☐**No**
Ahorro para Metas	**10%**	__________	☐**Sí** ☐**No**
Recreación Plena	**10%**	__________	☐**Sí** ☐**No**
Dar / Siembra	**10%**	__________	☐**Sí** ☐**No**
Necesidades	**60%**	__________	☐**Sí** ☐**No**

Reflexión de la semana:

¿Hubo algún ingreso inesperado?

____

____

____

¿Apliqué la Prueba de Fuego (50% a Libertad y Ahorro)? ☐Sí ☐No

¿Mi Cubeta de Libertad Financiera permanece intacta? ☐Sí ☐No

Mi decreto de cierre de semana:

____

____

____

Semana 7

Fecha:_______________

INGRESO	FUENTE	MONTO TOTAL
Ingreso 1	____________	____________
Ingreso 2	____________	____________
Ingreso 3	____________	____________
Ingreso 4	____________	____________
Ingreso 5	____________	____________
TOTAL SEMANAL		____________

MI REPARTO DE CUBETAS

CUBETA		MONTO ASIGNADO	¿TRANSFERIDO?
Libertad Financiera	10%	____________	□Sí □No
Ahorro para Metas	10%	____________	□Sí □No
Recreación Plena	10%	____________	□Sí □No
Dar / Siembra	10%	____________	□Sí □No
Necesidades	60%	____________	□Sí □No

Reflexión de la semana:

¿Hubo algún ingreso inesperado?

____

____

____

¿Apliqué la Prueba de Fuego (50% a Libertad y Ahorro)? ☐Sí ☐No

¿Mi Cubeta de Libertad Financiera permanece intacta? ☐Sí ☐No

Mi decreto de cierre de semana:

____

____

____

Fecha:____________________

INGRESO	FUENTE	MONTO TOTAL
Ingreso 1	____________	____________
Ingreso 2	____________	____________
Ingreso 3	____________	____________
Ingreso 4	____________	____________
Ingreso 5	____________	____________
TOTAL SEMANAL		____________

MI REPARTO DE CUBETAS

CUBETA		MONTO ASIGNADO	¿TRANSFERIDO?
Libertad Financiera	10%	____________	☐Sí ☐No
Ahorro para Metas	10%	____________	☐Sí ☐No
Recreación Plena	10%	____________	☐Sí ☐No
Dar / Siembra	10%	____________	☐Sí ☐No
Necesidades	60%	____________	☐Sí ☐No

Reflexión de la semana:

¿Hubo algún ingreso inesperado?

____

____

____

¿Apliqué la Prueba de Fuego (50% a Libertad y Ahorro)? ☐Sí ☐No

¿Mi Cubeta de Libertad Financiera permanece intacta? ☐Sí ☐No

Mi decreto de cierre de semana:

____

____

____

La Mentalidad del Multiplicador

No es lo que haces con el dinero
Es quién eres cuando el dinero llega

Dos personas pueden recibir exactamente el mismo ingreso el mismo día. Una lo multiplicará. La otra lo consumirá. La diferencia no está en la cantidad, ni en la educación, ni en la suerte. Está en la identidad desde la que operan.

Una tiene la identidad del Consumidor. La otra tiene la identidad del Multiplicador.

Y la identidad no se decide una vez. Se elige cada día, con cada decisión pequeña, antes de que llegue la grande.

El Perfil del Consumidor

El Consumidor no es una persona mala. Es una persona asustada.

Opera desde una premisa silenciosa que heredó y nunca cuestionó: *"El dinero se acaba, así que más vale aprovecharlo ahora."* Por eso gasta antes de ahorrar. Por eso compra lo que no necesita cuando tiene un poco más. Por eso siente alivio cuando la cuenta está vacía, porque al menos ya no tiene que decidir qué hacer con ella.

El Consumidor vive en un ciclo invisible:

Ingreso → Alivio momentáneo → Gasto impulsivo → Culpa → Escasez → Esperar el próximo ingreso

Y cada vez que el ciclo se repite, su Termostato Financiero se ajusta un poco más abajo.

El Perfil del Multiplicador

El Multiplicador tampoco nació así. Se construyó.

Opera desde una premisa diferente: "*El dinero que administro hoy crea el dinero de mañana.*" Por eso reparte antes de gastar. Por eso invierte antes de consumir. Por eso no siente pánico cuando la cuenta baja, porque sabe que su sistema está trabajando aunque él no lo vea.

El Multiplicador vive en un ciclo expansivo:

Ingreso → Reparto inmediato → Inversión del 10% → Crecimiento silencioso → Más ingreso

Y cada vez que el ciclo se repite, su Termostato Financiero se calibra un poco más arriba.

La diferencia entre ambos no es disciplina de hierro. Es una decisión de identidad tomada una vez, con claridad, y luego sostenida con un sistema.

Ese sistema es esta guía.

Las 5 Creencias que Separan al Consumidor del Multiplicador

El Consumidor no es tu enemigo. Fue tu mecanismo de supervivencia. Pero ya no te sirve.

EL CONSUMIDOR CREE	EL MULTIPLICADOR SABE
"Me lo merezco ahora."	"Me lo merezco y por eso lo cuido."
"Cuando tenga más, ahorraré."	"Ahorro del primero, no del sobrante."
"Invertir es para los ricos."	"Invertir es lo que me hace rico."
"Este dinero extra es para disfrutar."	"El 50% de lo extra construye mi libertad."
"El dinero va y viene."	"El dinero se queda donde es honrado."

El Momento de la Decisión

La identidad del Multiplicador no se prueba cuando tienes mucho. Se prueba en el momento exacto en que recibes un ingreso y sientes el impulso de gastarlo antes de repartirlo.

Ese momento dura aproximadamente 3 segundos.

En esos 3 segundos, hay una guerra silenciosa entre tu programación antigua y tu identidad nueva. El Consumidor actúa por impulso. El Multiplicador hace una pausa, respira y ejecuta su sistema.

Practica esta pausa. Es el músculo más importante que desarrollarás con esta guía.

Antes de cualquier decisión financiera, hazte una sola pregunta:

"¿Esto lo decide el Consumidor o el Multiplicador?"

La respuesta ya la sabes. Ahora solo tienes que elegirla.

Decreto de identidad del multiplicador:

> *"Yo soy un Multiplicador. No opero por impulso, sino por sistema. No gasto por miedo, sino por elección consciente. Cada peso que administro hoy es una semilla que mi futuro yo cosechará con gratitud. Mi identidad es abundante, ordenada y libre."*

Escribe este decreto aquí con tu puño y letra:

____

____

____

____

____

____

____

____

____

____

Firma:______________________________

Fecha:______________________________

La Regla de la Inversión
(10% No Negociable)

Existe una diferencia fundamental entre las personas que acumulan riqueza y las que simplemente ganan dinero toda su vida sin construir nada sólido. No es el salario. No es la educación. No es la suerte ni el momento en que nacieron.

Es una decisión que toman cada vez que reciben un ingreso, antes de gastar cualquier otra cosa:

Apartan el 10% para que trabaje por ellos.

Eso es todo. Una decisión. Repetida con consistencia. Durante el tiempo suficiente.

Lo que parece simple es en realidad el acto financiero más poderoso que existe. Y también el que más resistencia genera, porque el Termostato de Miedo sabe exactamente lo que significa: si ese 10% empieza a crecer, la identidad del Consumidor empieza a morir.

Por qué el 10% y no Otro Número

El 10% no es un número arbitrario. Tiene una historia que se remonta a miles de años en tradiciones espirituales y financieras de culturas completamente distintas. El diezmo, la décima parte, aparece en la Biblia, en los escritos de los antiguos babilonios, en las enseñanzas de filósofos griegos y en los principios de los primeros banqueros modernos.

No sobrevivió tanto tiempo porque sea una regla religiosa. Sobrevivió porque funciona.

El 10% tiene tres propiedades únicas que lo hacen el porcentaje ideal para comenzar:

Es suficientemente pequeño para ser sostenible. El 90% restante es suficiente para vivir. No requiere sacrificio extremo ni cambios drásticos en tu estilo de vida. Es un ajuste, no una privación.

Es suficientemente grande para crear momentum. A diferencia del 1% o el 2%, el 10% genera una cantidad que, invertida consistentemente, produce resultados visibles en un plazo razonable. Puedes ver el crecimiento. Y ver el crecimiento alimenta la motivación para continuar.

Es suficientemente simbólico para transformar tu identidad. Apartar el 10% antes de gastar nada más es una declaración de prioridades. Le dice a tu subconsciente: *"Mi futuro es más importante que mi impulso de hoy."* Repetir esa declaración con cada ingreso reescribe tu programación financiera más profunda.

El Efecto Einstein en Números Reales

Albert Einstein llamó al interés compuesto la octava maravilla del mundo y añadió: *"Quien lo entiende, lo gana. Quien no, lo paga."*

El interés compuesto no es magia. Es matemática. Pero sus resultados parecen milagrosos porque el tiempo multiplica de una manera que el cerebro humano no está diseñado para intuir naturalmente.

Veamos qué ocurre cuando inviertes consistentemente con un rendimiento promedio anual del 8% — que es el rendimiento histórico aproximado de los mercados de renta variable globales a largo plazo:

Si inviertes $50 al mes:

AÑOS	TOTAL INVERTIDO	VALOR ACUMULADO
10 años	$6,000	$9,147
20 años	$12,000	$29,451
30 años	$18,000	$74,518

Si inviertes $100 al mes:

AÑOS	TOTAL INVERTIDO	VALOR ACUMULADO
10 años	$12,000	$18,295
20 años	$24,000	$58,902
30 años	$36,000	$149,036

Si inviertes $300 al mes:

AÑOS	TOTAL INVERTIDO	VALOR ACUMULADO
10 años	$36,000	$54,884
20 años	$72,000	$176,706
30 años	$108,000	$447,108

Lo que estos números revelan no es solo el crecimiento del dinero. Es el costo real de esperar.

Si tienes 30 años hoy y empiezas a invertir $100 al mes, a los 60 años tendrás aproximadamente $149,000. Si esperas 10 años para empezar — hasta los 40 — e inviertes los mismos $100 al mes, a los 60 años tendrás aproximadamente $58,900. Esperaste 10 años y perdiste $90,000.

El tiempo no se recupera. El dinero sí. Por eso el 10% empieza hoy.

El Compromiso Sagrado del 10%

La regla del 10% tiene tres pilares que la hacen irrompible para el Administrador Fiel:

Irreversibilidad

Este 10% es dinero sagrado. Una vez que se transfiere a tu Cubeta de Libertad Financiera, deja de existir para el consumo. No está disponible para emergencias menores, para caprichos, para deudas de consumo ni para "oportunidades" de último minuto.

Sacarlo para comprar un pasivo — un auto nuevo, gadgets, vacaciones no planeadas — es un acto de sabotaje financiero. No porque el gasto sea malo en sí mismo, sino porque viola el único principio que garantiza tu libertad a largo plazo.

Si necesitas dinero para una emergencia real, para eso existe tu Colchón de Certeza. El 10% de Libertad Financiera es intocable.

El Efecto Einstein

Cada vez que mueves ese 10%, recuerda que no estás guardando dinero. Estás activando el interés compuesto. Estás poniendo a trabajar a tu primer empleado. Cada peso que entra a esa cubeta trae consigo décadas de crecimiento silencioso. Retirarlo antes de tiempo no solo detiene ese crecimiento. Lo borra.

El Decreto de Inversión

Antes de hacer cada transferencia del 10%, declara en voz alta:

> *"Doy este dinero a la inversión con certeza. Sé que se multiplicará y regresará a mí bendecido. Este dinero es mi siervo y crea riqueza para mi vida y para quienes amo."*

Los 5 Saboteadores del 10%

El Termostato de Miedo tiene argumentos. Los ha refinado durante años. Los dirá con tu propia voz, con tu propia lógica, con ejemplos de tu propia vida. Aquí están los cinco más comunes y la respuesta del Administrador Fiel a cada uno:

Saboteador 1: ***"Este mes no puedo. El próximo empiezo."***

El Administrador Fiel responde: El próximo mes tendrá su propia razón para esperar. La deuda que pagarás este mes será reemplazada por otro gasto urgente. El momento perfecto no llega. Se crea. Empieza hoy con lo que tienes, aunque sea el 1%. El hábito importa más que el monto inicial.

Saboteador 2: ***"Primero termino de pagar mis deudas y luego invierto."***

El Administrador Fiel responde: Si esperas a no tener deudas para invertir, es posible que nunca inviertas. Las deudas de consumo y la inversión pueden coexistir. La clave es que el 10%

se aparta primero, antes de hacer cualquier pago adicional. Incluso si es una cantidad pequeña, el hábito de invertir antes de pagar deuda extra reprograma tu identidad financiera.

Saboteador 3: ***"Cuando gane más, invierto más."***

El Administrador Fiel responde: Las personas que esperan ganar más para empezar a invertir generalmente gastan más cuando ganan más. El porcentaje permanece constante. El 10% de $500 es $50. El 10% de $5,000 es $500. El hábito se escala solo si ya está instalado. Instálalo ahora.

Saboteador 4: ***"No sé suficiente sobre inversiones para hacerlo bien."***

El Administrador Fiel responde: No necesitas saberlo todo para empezar. Un fondo indexado simple requiere cero conocimiento avanzado y tiene históricamente mejores resultados que el 90% de los inversionistas activos. La parálisis por análisis es una estrategia del miedo, no de la sabiduría. Empieza simple.

Aprende mientras creces.

Saboteador 5: ***"¿Para qué invertir si la economía está mal?"***

El Administrador Fiel responde: Los mercados suben y bajan. Siempre lo han hecho. Los inversionistas que invierten consistentemente durante las caídas son los que más se benefician de las recuperaciones. Intentar adivinar el momento perfecto para entrar al mercado es una estrategia que históricamente pierde contra simplemente invertir de manera constante, en cualquier momento, durante suficiente tiempo.

Qué Hacer Cuando el 10% Parece Imposible

Si en este momento sientes que el 10% está fuera de tu alcance, no abandones el principio. Ajusta el punto de entrada y construye hacia él.

Semana 1 al Mes 1: Empieza con el 1%. Solo el 1%. Ábrele una cuenta separada a ese porcentaje y transfiérelo el mismo día que recibes cada ingreso. No lo pienses. Solo hazlo.

Mes 2 al Mes 3: Sube al 3%. Nota que tu vida no cambió dramáticamente con el 1%. El 3% tampoco la cambiará, pero tu identidad sí está cambiando.

Mes 4 al Mes 6: Sube al 5%. A estas alturas el hábito ya está instalado. El sistema ya funciona. Ya eres alguien que invierte.

Mes 7 en adelante: Sube al 10% y mantenlo. Para este momento ya no será un esfuerzo. Será quien eres.

La velocidad a la que llegas al 10% importa menos que el hecho de que estés en movimiento hacia él. Un barco que avanza lentamente llega. Un barco inmóvil, no.

El Ritual de la Transferencia

Cada vez que transfieras tu 10%, convierte ese acto bancario en un acto espiritual. No lo hagas distraído, entre otras cosas, mientras revisas mensajes. Hazlo con intención completa.

Paso 1 — Prepárate: Siéntate o párate en un lugar tranquilo. Cierra otras aplicaciones. Toma un respiro consciente antes de abrir tu aplicación bancaria.

Paso 2 — Declara antes de transferir: Con la mano en el pecho, di en voz alta o en silencio: *"Este 10% es sagrado. Lo entrego a mi libertad financiera con certeza y gratitud. Sé que trabaja para mí desde este momento."*

Paso 3 — Transfiere y cierra con gratitud: Completa la transferencia. Observa el saldo de tu Cubeta de Libertad Financiera crecer. Cierra la aplicación diciendo: "*Hecho está. Mi futuro yo agradece esta decisión.*"

Este ritual toma menos de dos minutos. Pero la diferencia entre transferir con intención y transferir mecánicamente es la diferencia entre un acto de reprogramación y una transacción bancaria ordinaria.

MI COMPROMISO DEL 10%

Completa esto ahora, en este momento, no cuando "estés listo":

La fecha en que hago mi primera transferencia del 10% es:

____

Mi ingreso mensual aproximado actual es: $_____________________

Mi 10% mensual es: $______________________________

Si estoy comenzando gradualmente, mi porcentaje inicial es:

___________% = $___________________________

La cuenta o plataforma donde depositaré mi 10% es:

____

La fecha en que llegaré al 10% completo es: _____________________

Decreto de compromiso:

> *"Hoy tomo la decisión más importante de mi vida financiera. Aparto el 10% de cada ingreso antes de gastar cualquier otra cosa. Este dinero sagrado trabaja para mi libertad mientras yo duermo. No negocio con él. No lo toco. No busco excusas para posponerlo. Soy el Administrador Fiel que mi riqueza necesita y este 10% es la prueba más poderosa de esa identidad."*

Firma:____________________________________

Fecha:____________________________________

Dónde Poner tu 10%
El Mapa del Multiplicador

Saber que debes invertir el 10% es el primer paso. Saber dónde ponerlo es el segundo. Y la mayoría de las personas se detiene aquí, paralizada por el miedo a equivocarse, por no saber lo suficiente, o por esperar el momento perfecto que nunca llega.

El Administrador Fiel no espera a saberlo todo. Empieza con lo que tiene, desde donde está, con las herramientas que ya existen.

Esta no es una guía de inversión financiera profesional. Es un mapa de puntos de partida concretos, ordenados de menor a mayor complejidad, para que tu 10% comience a trabajar hoy.

NIVEL 1 — Antes de Invertir: El Colchón de Certeza

Antes de mover tu 10% hacia cualquier vehículo de inversión, necesitas una base que te dé paz mental. Sin ella, cualquier fluctuación del mercado activará tu Termostato de Miedo y te hará tomar decisiones desde el pánico.

Meta: 3 a 6 meses de tu Cubeta de Necesidades (60%) guardados en una cuenta de ahorro separada, intocable, etiquetada como "Mi Colchón de Certeza".

Mientras construyes este fondo, divide tu 10% así:

- 5% → Colchón de Certeza (cuenta de ahorro separada)
- 5% → Inversión activa (cualquiera de las opciones del Nivel 2)

Una vez que tu Colchón esté completo, el 10% íntegro va a inversión activa.

Decreto:

> *"Mi Colchón de Certeza me da la paz para invertir sin miedo. Construirlo es mi primer acto de multiplicación."*

NIVEL 2 — Inversión en tí Mismo: El Mayor ROI del Mercado

La inversión con el retorno más alto y más rápido que existe no está en la bolsa. Está en tu capacidad de generar ingresos.

Antes de diversificarte hacia instrumentos financieros externos, invierte en lo que directamente aumenta tu valor en el mercado:

Opciones concretas:

- Cursos o certificaciones en tu área de expertise
- Coaching o mentoría de alguien que ya tiene los resultados que quieres
- Herramientas que multipliquen tu productividad o alcance (software, equipo)
- Creación de un producto digital propio (libro, curso, plantilla) que genere ingresos pasivos

La regla: si la inversión aumenta directamente tu capacidad de generar más ingresos, cuenta como Nivel 2. Si no tiene esa conexión directa, es Nivel 3 o superior.

Decreto:

> *"Invierto en mi mente porque es la fuente inagotable de toda mi riqueza. Lo que aprendo hoy lo convierto en abundancia mañana."*

NIVEL 3 — Fondos Indexados y ETFs: El Inicio Inteligente

Un fondo indexado es una canasta de múltiples empresas empaquetadas en una sola inversión. En lugar de apostar por una empresa específica, estás apostando por el crecimiento del mercado completo a lo largo del tiempo.

Es la opción más recomendada para el inversionista que comienza porque:

- No requiere conocimiento avanzado
- El riesgo está distribuido entre cientos de empresas
- Históricamente el mercado global crece con el tiempo
- Se puede comenzar con montos pequeños

Ejemplos de dónde acceder (según tu país):

- **VOO o SPY** — fondos que replican el S&P 500 (las 500 empresas más grandes de EE.UU.)
- **VTI** — fondo del mercado total de EE.UU.
- **Plataformas accesibles:** GBM+, Bursatil, Flink (México); Tyba, Nubank Cripto (Colombia/Latinoamérica); cualquier bróker internacional como Interactive Brokers

Nota: Las plataformas mencionadas están disponibles al momento de publicación de esta guía. Antes de usar cualquiera de ellas verifica su disponibilidad, regulación y condiciones actuales en tu país.

Decreto:

> *"Mi 10% trabaja mientras yo duermo. Cada depósito es una semilla que el tiempo multiplica. Soy paciente porque sé que la cosecha llega."*

NIVEL 4 — Productos Digitales: Activos que Trabajan Sin ti

Un activo digital es cualquier producto que se crea una vez y se vende infinitas veces sin que tú tengas que estar presente. Es la forma de inversión más alineada con la identidad del Multiplicador porque literalmente pone dinero en tu bolsillo mientras duermes.

Opciones concretas:

- E-books y guías en PDF (Amazon KDP, Hotmart, Gumroad)
- Cursos en video (Hotmart, Udemy, Teachable)
- Plantillas digitales (Canva, Notion, Excel)
- Membresías o comunidades de acceso pagado
- Presets, audios, meditaciones guiadas

La inversión aquí es tu tiempo y tu 10% destinado a las herramientas (diseño, plataformas, marketing inicial). El retorno puede ser exponencial porque no tiene límite de unidades.

Decreto:

> *"Creo activos que trabajan por mí. Mi conocimiento tiene valor infinito y el mundo paga por recibirlo."*

NIVEL 5 — Bienes Raíces de Entrada: Rentar lo que ya Tienes

No necesitas comprar un edificio para entrar a bienes raíces. El Multiplicador que comienza puede generar renta con lo que ya tiene o con inversiones fraccionadas:

Opciones de entrada baja:

- Fondos de inversión inmobiliaria (REITs o FIBRAs) — compras una fracción de propiedades comerciales desde montos muy accesibles, como si fuera una acción en bolsa
- Plataformas de crowdfunding inmobiliario — varios inversionistas financian una propiedad juntos y comparten la renta (ejemplos: 100 Ladrillos en México, La Haus en Colombia)
- Rentar un espacio que ya posees — una habitación, un estacionamiento, una bodega, un terreno

La regla del Administrador Fiel con bienes raíces: solo cuenta como activo si genera renta. Una propiedad que compras para vivir en ella es un gasto, no una inversión, hasta que genere flujo.

Decreto:

> *"El espacio y los recursos que tengo hoy pueden generar renta. Soy creativo porque soy abundante."*

TU MAPA DE INVERSIÓN PERSONAL

Completa esto ahora:

Mi Colchón de Certeza meta: $_______________ Alcanzado hasta hoy: $_______________

Mi vehículo de inversión principal hoy es:

____

El próximo nivel al que quiero avanzar es:

____

La fecha en que haré mi primera inversión o depósito es:

____

Mi monto inicial de inversión mensual es:

$____

Decreto de compromiso:

> *"Hoy decido dónde trabaja mi dinero. No espero el momento perfecto porque el momento perfecto es el que creo con mis decisiones. Mi 10% tiene destino, tiene propósito y tiene orden. Soy un Multiplicador en acción."*

Firma:______________________________

Fecha:______________________________

Mis Primeros Pasos
de Inversión Segura

El Camino del Multiplicador Comienza Aquí

Llegar a esta sección significa que ya tienes claridad sobre el qué y el por qué de la inversión. Sabes que el 10% es sagrado. Sabes que el interés compuesto trabaja para ti. Sabes que los activos ponen dinero en tu bolsillo y los pasivos lo sacan.

Ahora necesitas el cómo concreto. No en teoría. En pasos con fechas, con criterios claros y con un plan que puedas ejecutar desde hoy, independientemente de cuánto tengas en este momento.

El Administrador Fiel no espera las condiciones perfectas para comenzar. Construye las condiciones mientras avanza.

Por qué "Primeros Pasos" y no "Pasos Avanzados"

Antes de hablar de fondos indexados, bienes raíces o productos digitales, hay una base que debe estar sólida. Sin ella, cualquier inversión más sofisticada se convierte en una apuesta, no en una estrategia.

Piénsalo así: no construyes el segundo piso de una casa antes de terminar los cimientos. No porque el segundo piso no sea importante, sino porque sin cimientos sólidos, todo lo que construyas arriba eventualmente colapsa.

Estos tres pasos son tus cimientos. Son los que garantizan que cuando llegues al Mapa del Multiplicador — los cinco niveles de inversión — tu base sea lo suficientemente sólida para sostener lo que construyas sobre ella.

PASO 1 — El Colchón de la Certeza

Tu base antes de cualquier inversión de riesgo

El Colchón de Certeza no es un lujo financiero. Es el activo psicológico más importante que puedes tener como inversionista principiante.

Sin él, cualquier fluctuación del mercado — una caída del 10% en tus inversiones, un mes de ingresos bajos, un gasto inesperado — activará tu Termostato de Miedo y te hará tomar decisiones desde el pánico. Venderás en el peor momento. Retirarás tu 10% cuando más lo necesitas dejar trabajar. Abandonarás tu sistema justo cuando más lo necesitas sostener.

Con él, esas mismas fluctuaciones se convierten en ruido de fondo. Tu base está cubierta. Tu mente está tranquila. Puedes invertir con paciencia porque sabes que tienes respaldo.

¿Qué es exactamente el Colchón de Certeza?

Es un fondo de emergencia equivalente a 3 a 6 meses de tu Cubeta de Necesidades — el 60% de tus ingresos mensuales destinado a gastos fijos esenciales.

Si tu Cubeta de Necesidades mensual es $1,000, tu Colchón de Certeza meta es entre $3,000 y $6,000. Si es $2,000 mensuales, tu meta es entre $6,000 y $12,000.

Este dinero vive en una cuenta de ahorro separada, claramente etiquetada como "Colchón de Certeza — Intocable", que no uses para ningún otro propósito.

¿Cuándo se usa el Colchón de Certeza?

Solo en emergencias reales: pérdida de empleo, enfermedad grave, reparación esencial del hogar o del transporte que uses para trabajar. No para vacaciones. No para oportunidades de negocio. No para cubrir un mes de gastos altos porque "se te fue la mano."

La disciplina de no tocarlo para cosas no urgentes es parte del entrenamiento del Administrador Fiel.

¿Cómo se construye?

Mientras tu Colchón no esté completo, divide tu 10% de Libertad Financiera así:

- **5% → Construcción del Colchón de Certeza**
- **5% → Inversión activa** (el vehículo más simple disponible para ti)

Una vez que tu Colchón alcance su meta mínima de 3 meses, mueve el 10% completo a inversión activa. Una vez que alcance los 6 meses, mantenlo ahí y no lo toques salvo emergencia real.

¿Cómo sé que completé el Paso 1?

Cuando el saldo de tu cuenta de Colchón de Certeza sea igual o mayor a 3 meses de tu Cubeta de Necesidades y hayas mantenido ese saldo intacto durante al menos 60 días consecutivos sin tocarlo.

Esos 60 días son importantes. No basta con llegar al número. Necesitas demostrarle a tu Termostato que puedes tener ese dinero disponible sin gastarlo. Esa demostración es la que te da el permiso psicológico de avanzar al Paso 2 con confianza.

Decreto del Paso 1:

> *"Mi Colchón de Certeza es mi paz mental convertida en dinero. Lo construyo con disciplina y lo protejo con identidad. Cuando esté completo, mi mente estará libre para invertir sin miedo."*

PASO 2 — La Inversión en ROI Personal

El activo que nadie puede quitarte

Antes de invertir en mercados externos, hay una inversión que garantiza retorno inmediato, no depende de la economía global, no puede perder su valor de la noche a la mañana y se multiplica cada vez que la usas:

Tu capacidad de generar ingresos.

El conocimiento, las habilidades y las conexiones que desarrollas son el único activo completamente tuyo. No están sujetos a fluctuaciones del mercado. No requieren un bróker. No tienen comisiones. Y su retorno se manifiesta directamente en tu capacidad de generar más dinero, más rápido, con más consistencia.

¿Qué cuenta como inversión en ROI Personal?

No toda educación es inversión. El Administrador Fiel tiene un criterio claro para distinguir entre gasto educativo e inversión educativa:

Una inversión en ROI Personal es aquella que directamente aumenta tu capacidad de generar ingresos en un plazo razonable.

Ejemplos que SÍ cuentan:

- Un curso de habilidades directamente relacionadas con tu trabajo o negocio actual
- Mentoría o coaching de alguien que ya tiene los resultados que tú quieres
- Herramientas o software que multipliquen tu productividad o alcance
- La creación de un producto digital propio que pueda generar ingresos pasivos
- Una certificación que aumente tu valor en el mercado laboral
- Un libro, programa o recurso que resuelva un problema específico que te está costando dinero o tiempo

Ejemplos que NO cuentan como inversión en ROI Personal:

- Cursos que compras por curiosidad sin aplicación directa
- Libros que acumulas sin leer ni implementar
- Membresías de plataformas educativas que no usas consistentemente
- Cualquier "inversión en ti mismo" que en realidad es un gasto de consumo disfrazado

La Regla de Implementación

Cada inversión en ROI Personal debe tener un plan de implementación antes de ser comprada. Antes de adquirir cualquier curso, mentoría o herramienta, responde por escrito:

1. ¿Qué habilidad o conocimiento específico voy a adquirir?
2. ¿Cómo lo voy a aplicar en los próximos 30 días?
3. ¿Cuánto dinero adicional podría generar gracias a esta inversión en los próximos 90 días?

Si no puedes responder las tres preguntas con claridad, no es el momento para esa inversión.

¿Cuánto de mi 10% destinar al ROI Personal?

Mientras estás construyendo tu Colchón de Certeza, el 5% que va a inversión activa puede dividirse entre ROI Personal y vehículos financieros según tus necesidades. Una vez que el Colchón esté completo, el Administrador Fiel destina entre el 20% y el 30% de su 10% de Libertad Financiera a ROI Personal de manera sostenida.

¿Cómo sé que completé el Paso 2?

Cuando puedas identificar al menos una inversión en ROI Personal que hayas completado e implementado, y puedas medir su impacto directo en tus ingresos. No necesitas haber terminado de aprender. Necesitas haber empezado a implementar.

Decreto del Paso 2:

> *"Mi mente es mi activo más valioso. Lo que invierto en mi conocimiento hoy se convierte en ingresos mañana. Aprendo con intención, implemento con velocidad y genero con certeza."*

PASO 3 — La Regla del Activo Vs. Pasivo

El filtro que cambia todas tus decisiones financieras

Robert Kiyosaki lo explicó de manera simple y poderosa: un activo pone dinero en tu bolsillo. Un pasivo saca dinero de tu bolsillo.

El Administrador Fiel aplica este filtro a cada decisión financiera significativa antes de ejecutarla. No como un ejercicio teórico, sino como una pregunta concreta que hace una pausa entre el impulso y la acción.

¿Qué es un activo?

Un activo es cualquier cosa que genere flujo de efectivo positivo hacia ti de manera consistente:

- Inversiones en fondos indexados o ETFs que pagan dividendos o crecen en valor
- Productos digitales que se venden sin tu presencia activa
- Propiedades que generan renta mensual
- Un negocio que funciona sin requerir tu tiempo constante
- Habilidades que te permiten cobrar más por el mismo tiempo de trabajo
- Derechos de autor, regalías o licencias sobre tu trabajo intelectual

¿Qué es un pasivo?

Un pasivo es cualquier cosa que saque dinero de tu bolsillo de manera consistente:

- Deudas de consumo con intereses altos (tarjetas de crédito, préstamos personales)
- Un auto financiado que pierde valor y genera gastos de mantenimiento
- Gadgets, suscripciones y membresías que no usas o que no generan retorno
- Una propiedad que compraste para vivir en ella y que no genera renta
- Cualquier compra financiada de algo que se deprecia

La Zona Gris: Lo que Parece Activo pero No Lo Es

El Termostato de Miedo es experto en disfrazar pasivos como activos. Aprende a reconocer las justificaciones más comunes:

"Compro este auto nuevo porque lo necesito para el trabajo." — Si el auto es necesario para trabajar, un auto funcional cumple esa necesidad. La diferencia entre un auto funcional y uno de lujo financiado es un pasivo disfrazado de necesidad.

"Compro esta propiedad porque es una inversión." — Una propiedad solo es un activo cuando genera renta neta positiva después de gastos de mantenimiento, impuestos e hipoteca. Si la compras para vivir en ella y no genera flujo, es un gasto, no una inversión.

"Invierto en este curso porque me ayudará a ganar más." — Solo si lo terminas e implementas. Un curso sin implementación es un pasivo de tiempo y dinero.

El Filtro de las 3 Preguntas

Antes de cualquier compra o inversión significativa — cualquier decisión que involucre más del 5% de tu ingreso mensual — hazte estas tres preguntas:

1. **¿Esto pone dinero en mi bolsillo o lo saca?**
2. **¿En cuánto tiempo y de qué manera específica genera retorno?**
3. **¿Estoy comprando esto desde la certeza o desde el miedo, la culpa o el impulso?**

Si la tercera respuesta es miedo, culpa o impulso — independientemente de las primeras dos — espera 24 horas antes de decidir. El Administrador Fiel no compra desde el miedo ni desde el entusiasmo no examinado.

¿Cómo sé que completé el Paso 3?

Cuando puedas aplicar el filtro Activo vs. Pasivo a una decisión financiera real en tiempo real, antes de ejecutarla, y tomar la decisión desde la claridad en lugar del impulso. No necesitas ser perfecto. Necesitas ser consciente.

Decreto del Paso 3:

> *"Cada peso que sale de mi bolsillo tiene un propósito claro. Busco activos que trabajen para mí y evito pasivos que me consuman. Mi riqueza crece porque mis decisiones son conscientes, no impulsivas."*

MI PLAN DE 90 DÍAS

El conocimiento sin fecha de ejecución es solo entretenimiento. Completa este plan ahora y trátalo como un compromiso real contigo mismo.

MES 1 — Construir la Base

Meta principal: Iniciar la construcción de mi Colchón de Certeza

Mi Cubeta de Necesidades mensual es: $__________________

Mi meta mínima de Colchón de Certeza (3 meses) es:

$________________________

Mi meta ideal de Colchón de Certeza (6 meses) es:

$__________________________

El nombre de la cuenta donde vivirá mi Colchón:

____

Fecha en que abriré o designaré esa cuenta: ________________

Monto que transferiré este mes al Colchón: $_______________

Mi inversión en ROI Personal este mes será: ________________

Costo: $____________

Fecha de inicio: ____________

Fecha de implementación: ____________

MES 2 — Consolidar el Hábito

Meta principal: Mantener el ritmo de construcción del Colchón y aplicar el filtro Activo vs. Pasivo a una decisión real

Saldo actual de mi Colchón al inicio del mes 2: $____________

Monto que transferiré este mes al Colchón: $______________

Una decisión financiera a la que apliqué el filtro Activo vs. Pasivo este mes:

¿Fue activo o pasivo? ________________

¿Qué decidí? _________________________

¿Continúo o inicio una inversión en ROI Personal este mes?

____

¿Qué implementé del mes anterior?

____

____

____

____

____

____

MES 3 — Evaluar y Escalar

Meta principal: Evaluar el progreso de los primeros 90 días y definir el siguiente nivel

Saldo actual de mi Colchón al inicio del mes 3:

$______________

¿Alcancé mi meta mínima de 3 meses? □ Sí □ No □ En proceso

Si sí: ¿Cuándo moveré el 10% completo a inversión activa?

____

Si no: ¿Qué ajusto para acelerar la construcción?

____

Una inversión en ROI Personal que completé e implementé en estos 90 días:____

____

Su impacto medible en mis ingresos o capacidad de generar ingresos:____

____

El siguiente nivel de inversión al que estoy listo para avanzar es:

____

____

Decreto de los primeros pasos:

"No espero el momento perfecto para comenzar. Comienzo hoy con lo que tengo, desde donde estoy, con la claridad que este sistema me da. Mis primeros pasos no tienen que ser grandes. Tienen que ser reales. Cada paso que doy construye la base sobre la que se sostendrá toda mi riqueza futura. Soy el Administrador Fiel que actúa, no el que planifica eternamente. Hoy doy el primer paso. Hecho está."

Firma:________________________________

Fecha:________________________________

El Presupuesto de Certeza

Planificar no es desconfiar del universo

Es honrar lo que ya viene

Hay una creencia silenciosa que sabotea a muchos manifestadores: pensar que presupuestar es un acto de escasez. Que si planificas, estás limitando el flujo. Que el dinero abundante no necesita estructura.

Es exactamente al revés.

El presupuesto no le dice al universo cuánto puede enviarte. Le dice al universo que estás listo para recibirlo con orden. Un río sin cauce no riega, inunda. El Presupuesto de Certeza es tu cauce.

Completa esta plantilla al inicio de cada mes, antes de que llegue el primer ingreso. No esperes a tener el dinero para planificar. Planifica primero, y el dinero llega a un sistema que ya lo espera.

MES: ______________________ AÑO: ____________

PASO 1 — Define tu Ingreso Meta del Mes

Este no es el ingreso que esperas con miedo. Es el ingreso que declaras con certeza.

Mi ingreso meta este mes es: $_____________________________

Decreto de apertura:

> *"Este mes recibo $__________ o algo mejor. Mi sistema está listo para recibirlo, honrarlo y multiplicarlo."*

PASO 2 — Asigna tus Cubetas

CUBETA		MONTO PROYECTADO	MONTO REAL AL CIERRE
Libertad Financiera	10%	$ ________________	$ ________________
Ahorro para Metas	10%	$ ________________	$ ________________
Recreación Plena	10%	$ ________________	$ ________________
Dar / Siembra	10%	$ ________________	$ ________________
Necesidades	60%	$ ________________	$ ________________
TOTAL	100%	$ ________________	$ ________________

PASO 3 — Planifica tu Cubeta de Necesidades (60%)

Este es el único presupuesto detallado que necesitas. Las demás cubetas ya tienen destino claro. Esta es la que requiere conciencia para no desbordarse.

GASTO FIJO	MONTO MENSUAL
Vivienda (renta / hipoteca)	**$** ______
Alimentación	**$** ______
Transporte	**$** ______
Salud y medicamentos	**$** ______
Servicios (luz, agua, internet)	**$** ______
Educación / colegiaturas	**$** ______
Otros gastos fijos esenciales	**$** ______
TOTAL	**$** ______

¿Tu Cubeta de Necesidades cubre todos tus gastos fijos? □**Sí** □**No**

Si la respuesta es No, aquí está la oportunidad: no aumentes el porcentaje de Necesidades. Trabaja en aumentar el ingreso total hasta que el 60% sea suficiente. Esa tensión es la que activa la creatividad del Multiplicador

PASO 4 — Define tu Meta de Siembra del Mes

El dar con intención no es gasto. Es la inversión con el retorno más rápido del universo.

Este mes sembraré en:

____

Monto de siembra: $________________

Fecha en que lo haré: ____________________

Decreto de siembra:

> *"Doy este dinero con gozo y certeza. Sé que regresa a mí multiplicado porque opero bajo la ley de la cosecha."*

PASO 5 — Define tu Meta de Recreación del Mes

La Cubeta de Recreación Plena existe para que gastes sin culpa. Pero el Administrador Fiel también planifica su placer, para que no se convierta en impulso desbordado.

Este mes mi placer planificado es:

____

Monto asignado: $________________

Fecha aproximada: _________________________

Decreto de merecimiento:

> *"Me permito disfrutar con plena conciencia. Este placer es la prueba de que la abundancia ya es mi realidad."*

PASO 6 — Cierre de Mes: Tu Revisión de Certeza

Al final del mes, responde con honestidad:

¿Recibí mi ingreso meta o más? ☐Sí ☐No Recibí más

Ingreso real del mes: $______________________________

¿Todas mis cubetas fueron respetadas? ☐Sí ☐No

Si no, ¿cuál se desvió y por qué?

____

____

____

¿Qué decisión financiera de este mes me enorgullece más?

____

____

____

¿Qué ajustaré el próximo mes como Administrador Fiel?

____

____

____

Decreto de cierre de mes:

> *"Este mes administré con conciencia. Lo que fluyó bien lo celebro. Lo que se desvió lo corrijo sin juicio. Cada mes soy un Administrador Fiel más fuerte, más sabio y más libre. El próximo mes llega a un sistema mejor que el anterior."*

MES: ______________________ AÑO: ____________

PASO 1 — Define tu Ingreso Meta del Mes

Este no es el ingreso que esperas con miedo. Es el ingreso que declaras con certeza.

Mi ingreso meta este mes es: $____________________________

Decreto de apertura:

> *"Este mes recibo $__________ o algo mejor. Mi sistema está listo para recibirlo, honrarlo y multiplicarlo."*

PASO 2 — Asigna tus Cubetas

CUBETA		MONTO PROYECTADO	MONTO REAL AL CIERRE
Libertad Financiera	**10%**	**$** ______________	**$** ______________
Ahorro para Metas	**10%**	**$** ______________	**$** ______________
Recreación Plena	**10%**	**$** ______________	**$** ______________
Dar / Siembra	**10%**	**$** ______________	**$** ______________
Necesidades	**60%**	**$** ______________	**$** ______________
TOTAL	**100%**	**$** ______________	**$** ______________

PASO 3 — Planifica tu Cubeta de Necesidades (60%)

Este es el único presupuesto detallado que necesitas. Las demás cubetas ya tienen destino claro. Esta es la que requiere conciencia para no desbordarse.

GASTO FIJO	MONTO MENSUAL
Vivienda (renta / hipoteca)	**$** ______________
Alimentación	**$** ______________
Transporte	**$** ______________
Salud y medicamentos	**$** ______________
Servicios (luz, agua, internet)	**$** ______________
Educación / colegiaturas	**$** ______________
Otros gastos fijos esenciales	**$** ______________
TOTAL	**$** ______________

¿Tu Cubeta de Necesidades cubre todos tus gastos fijos? ☐**Sí** ☐**No**

Si la respuesta es No, aquí está la oportunidad: no aumentes el porcentaje de Necesidades. Trabaja en aumentar el ingreso total hasta que el 60% sea suficiente. Esa tensión es la que activa la creatividad del Multiplicador

PASO 4 — Define tu Meta de Siembra del Mes

El dar con intención no es gasto. Es la inversión con el retorno más rápido del universo.

Este mes sembraré en:

____

Monto de siembra: $_______________

Fecha en que lo haré: ___________________

Decreto de siembra:

> *"Doy este dinero con gozo y certeza. Sé que regresa a mí multiplicado porque opero bajo la ley de la cosecha."*

PASO 5 — Define tu Meta de Recreación del Mes

La Cubeta de Recreación Plena existe para que gastes sin culpa. Pero el Administrador Fiel también planifica su placer, para que no se convierta en impulso desbordado.

Este mes mi placer planificado es:

____

Monto asignado: $_______________

Fecha aproximada: ________________________

Decreto de merecimiento:

> *"Me permito disfrutar con plena conciencia. Este placer es la prueba de que la abundancia ya es mi realidad."*

PASO 6 — Cierre de Mes: Tu Revisión de Certeza

Al final del mes, responde con honestidad:

¿Recibí mi ingreso meta o más? ☐Sí ☐No Recibí más

Ingreso real del mes: $______________________________

¿Todas mis cubetas fueron respetadas? ☐Sí ☐No

Si no, ¿cuál se desvió y por qué?

____

____

____

¿Qué decisión financiera de este mes me enorgullece más?

____

____

____

¿Qué ajustaré el próximo mes como Administrador Fiel?

____

____

____

Decreto de cierre de mes:

> *"Este mes administré con conciencia. Lo que fluyó bien lo celebro. Lo que se desvió lo corrijo sin juicio. Cada mes soy un Administrador Fiel más fuerte, más sabio y más libre. El próximo mes llega a un sistema mejor que el anterior."*

MES: ______________________ AÑO: ____________

PASO 1 — Define tu Ingreso Meta del Mes

Este no es el ingreso que esperas con miedo. Es el ingreso que declaras con certeza.

Mi ingreso meta este mes es: $____________________________

Decreto de apertura:

> *"Este mes recibo $__________ o algo mejor. Mi sistema está listo para recibirlo, honrarlo y multiplicarlo."*

PASO 2 — Asigna tus Cubetas

CUBETA		MONTO PROYECTADO	MONTO REAL AL CIERRE
Libertad Financiera	10%	$ ________________	$ ________________
Ahorro para Metas	10%	$ ________________	$ ________________
Recreación Plena	10%	$ ________________	$ ________________
Dar / Siembra	10%	$ ________________	$ ________________
Necesidades	60%	$ ________________	$ ________________
TOTAL	100%	$ ________________	$ ________________

PASO 3 — Planifica tu Cubeta de Necesidades (60%)

Este es el único presupuesto detallado que necesitas. Las demás cubetas ya tienen destino claro. Esta es la que requiere conciencia para no desbordarse.

GASTO FIJO	MONTO MENSUAL
Vivienda (renta / hipoteca)	$ ____________
Alimentación	$ ____________
Transporte	$ ____________
Salud y medicamentos	$ ____________
Servicios (luz, agua, internet)	$ ____________
Educación / colegiaturas	$ ____________
Otros gastos fijos esenciales	$ ____________
TOTAL	$ ____________

¿Tu Cubeta de Necesidades cubre todos tus gastos fijos? ☐**Sí** ☐**No**

Si la respuesta es No, aquí está la oportunidad: no aumentes el porcentaje de Necesidades. Trabaja en aumentar el ingreso total hasta que el 60% sea suficiente. Esa tensión es la que activa la creatividad del Multiplicador

PASO 4 — Define tu Meta de Siembra del Mes

El dar con intención no es gasto. Es la inversión con el retorno más rápido del universo.

Este mes sembraré en:

____

Monto de siembra: $________________

Fecha en que lo haré: ____________________

Decreto de siembra:

> *"Doy este dinero con gozo y certeza. Sé que regresa a mí multiplicado porque opero bajo la ley de la cosecha."*

PASO 5 — Define tu Meta de Recreación del Mes

La Cubeta de Recreación Plena existe para que gastes sin culpa. Pero el Administrador Fiel también planifica su placer, para que no se convierta en impulso desbordado.

Este mes mi placer planificado es:

____

Monto asignado: $________________

Fecha aproximada: ________________________

Decreto de merecimiento:

> *"Me permito disfrutar con plena conciencia. Este placer es la prueba de que la abundancia ya es mi realidad."*

PASO 6 — Cierre de Mes: Tu Revisión de Certeza

Al final del mes, responde con honestidad:

¿Recibí mi ingreso meta o más? ☐Sí ☐No Recibí más

Ingreso real del mes: $______________________

¿Todas mis cubetas fueron respetadas? ☐Sí ☐No

Si no, ¿cuál se desvió y por qué?

____

____

____

¿Qué decisión financiera de este mes me enorgullece más?

____

____

____

¿Qué ajustaré el próximo mes como Administrador Fiel?

____

____

____

Decreto de cierre de mes:

> *"Este mes administré con conciencia. Lo que fluyó bien lo celebro. Lo que se desvió lo corrijo sin juicio. Cada mes soy un Administrador Fiel más fuerte, más sabio y más libre. El próximo mes llega a un sistema mejor que el anterior."*

30 Decretos
del Administrador Fiel

Un mes de identidad
Una vida de abundancia

Estos decretos no son afirmaciones vacías. Son declaraciones de identidad que tu subconsciente acepta como verdad cuando se repiten con emoción, convicción y consistencia.

Lee cada decreto en voz alta, de pie, con la mano en el pecho. No lo susurres. No lo leas como si fuera una lista de compras. Dilo como quien ya lo vive.

Un decreto al día. Treinta días. Una identidad nueva.

Día 1

"Yo soy el Administrador Fiel de mi riqueza. El dinero que llega a mi vida es honrado, ordenado y multiplicado. Soy el punto de quiebre de la escasez en mi linaje."

Día 2

"Mi sistema financiero está activo y funcionando. Cada peso tiene destino. Cada ingreso tiene propósito. Opero con orden porque opero desde la certeza."

Día 3

"No soy consumidor de mi abundancia. Soy multiplicador de ella. Cada decisión que tomo hoy construye la libertad de mi mañana."

Día 4

"Mi Cubeta de Libertad Financiera es sagrada e intocable. Ese 10% trabaja para mí sin descanso. Es mi primer empleado y el más fiel de todos."

Día 5

"Doy con gozo porque sé que la siembra activa la cosecha. Mi generosidad no me empobrece. Me conecta al flujo infinito de la abundancia."

Día 6

"Me merezco disfrutar de mi abundancia sin culpa. Mi Cubeta de Recreación Plena existe porque soy abundante hoy, no solo en el futuro."

Día 7

"Mi Colchón de Certeza crece cada semana. Tengo paz porque tengo base. Tengo base porque tuve disciplina. Tengo disciplina porque tengo identidad."

Día 8

"El interés compuesto trabaja a mi favor. El tiempo es mi aliado más poderoso. Cada día que invierto es un día que mi futuro yo agradece."

Día 9

"No opero desde el pánico cuando el dinero fluctúa. Mi sistema es más fuerte que cualquier tormenta financiera. Tengo certeza porque tengo estructura."

Día 10

"Invierto en mi mente porque es la fuente inagotable de toda mi riqueza. Lo que aprendo hoy se convierte en abundancia mañana."

Día 11

"Cada ingreso inesperado es una prueba de fuego que paso con disciplina. El 50% de todo extra construye mi libertad. No negocio con mi futuro."

Día 12

"Soy creador de activos, no acumulador de pasivos. Todo lo que poseo pone dinero en mi bolsillo o construye mi capacidad de generarlo."

Día 13

"Mi Termostato Financiero está calibrado en abundancia. Cada ritual que hago lo sube un poco más. Cada decisión consciente lo ancla más arriba."

Día 14

"Llevo el registro de mis ingresos porque lo que se mide se multiplica. Mi conciencia financiera es un acto de honra al universo que me provee."

Día 15

"Estoy a la mitad de este mes de identidad. Lo que he sembrado en estos 15 días ya está germinando. Continúo con más certeza que al comenzar."

Día 16

"Mi dinero trabaja para mí mientras duermo. Tengo activos que generan ingresos sin que yo tenga que estar presente. Eso es libertad real."

Día 17

"No comparo mi proceso con el de nadie. Mi camino de multiplicación es único, perfecto y exactamente tan rápido como necesita ser."

Día 18

"Cada vez que respeto mis cubetas, le demuestro al universo que estoy listo para más. El orden que mantengo hoy atrae la abundancia de mañana."

Día 19

"Rompo la cadena de escasez de mi linaje con cada decisión consciente. Lo que hago hoy con el dinero cambia el futuro de quienes vienen después de mí."

Día 20

"Soy paciente con mi proceso de multiplicación. Los árboles más grandes crecieron de semillas pequeñas regadas con constancia. Yo soy ese árbol."

Día 21

"Tres semanas de identidad nueva. Mi subconsciente ya reconoce al Administrador Fiel como quien soy. Sigo adelante con gratitud y con fuerza."

Día 22

"Antes de cualquier gran gasto pregunto: ¿esto sirve a mi misión o rompe mi sistema? La respuesta siempre llega antes de que el impulso gane."

Día 23

"Mi Presupuesto de Certeza no me limita. Me libera. Saber a dónde va cada peso me da la paz que el consumidor nunca tiene."

Día 24

"Celebro cada meta financiera alcanzada, por pequeña que sea. Cada victoria calibra mi Termostato más arriba y le dice al universo que estoy listo para más."

Día 25

"Invierto en relaciones, en conocimiento y en herramientas que multiplican mi capacidad de generar riqueza. Todo lo que me acerca a mi misión es una inversión."

Día 26

"No tengo miedo al dinero. No tengo miedo a tenerlo, a administrarlo ni a multiplicarlo. El dinero es energía neutral que responde a mi conciencia."

Día 27

"Mi siembra de hoy es la cosecha de mañana. Doy con alegría, invierto con certeza y gasto con conciencia. Esa es la trinidad del Administrador Fiel."

Día 28

"Cada corrección que hago en mi sistema financiero es un acto de madurez, no de fracaso. Me ajusto sin juicio y avanzo con más sabiduría."

Día 29

"Estoy a un día de completar un mes de identidad nueva. Lo que era esfuerzo se está convirtiendo en hábito. Lo que era hábito se está convirtiendo en quien soy."

Día 30

"He completado 30 días como Administrador Fiel. Mi identidad ha cambiado. Mi sistema está activo. Mi riqueza está siendo honrada. El legado que construyo hoy será la herencia de quienes amo. Hecho está."

Al completar los 30 días, escribe aquí tu propia reflexión:

¿Qué cambió en tu relación con el dinero durante este mes?

¿Qué decisión financiera tomaste este mes de la que estás más orgulloso?

¿Cuál es tu próxima meta como Administrador Fiel?

Mis Metas de Multiplicación

El Administrador Fiel no solo administra lo que tiene

Visualiza y planifica lo que viene

Una meta financiera sin fecha es solo un deseo. Una meta financiera con fecha, número específico y un plan de acción es una declaración de certeza que el subconsciente comienza a trabajar para cumplir desde el momento en que la escribes.

No escribas lo que crees que es posible. Escribe lo que sabes que es tuyo.

La diferencia entre ambas frases es tu Termostato Financiero. Si al leer "escribe lo que sabes que es tuyo" sentiste resistencia, esa resistencia es exactamente lo que esta sección está diseñada para disolver.

Escribe. Firma. Comprométete.

VISIÓN A 1 AÑO

Lo que el Administrador Fiel construye en los próximos 12 meses

Fecha de hoy: ________________ Fecha meta: ________________

Mi ingreso mensual meta en 12 meses es: $__________________

El saldo de mi Cubeta de Libertad Financiera en 12 meses será:

$_________________

Mi Colchón de Certeza estará completo el día: ________________

Una deuda que habré eliminado en 12 meses:

____

Un activo nuevo que habré creado o adquirido:

____

Una inversión en mí mismo que habré completado:

____

¿Cómo se sentirá mi vida financiera en 12 meses? Descríbela con detalle:

____

____

____

____

____

Decreto de la meta a 1 año:

"En 12 meses soy un Administrador Fiel con resultados visibles. Mi sistema funciona, mis inversiones crecen y mi libertad financiera es una realidad que construí con disciplina y certeza. Ya lo veo. Ya lo siento. Ya es mío."

Firma:____________________________________

Fecha:____________________________________

VISIÓN A 3 AÑOS

Lo que el Administrador Fiel construye en los próximos 36 meses

Fecha de hoy: ________________ Fecha meta: ______________

Mi ingreso mensual meta en 3 años es: $__________________

El valor total de mis inversiones en 3 años será:

$___________________________

Los activos que estarán generando ingresos pasivos para mí:

1. ____
2. ____
3. ____

Una forma en que mi riqueza habrá impactado la vida de

alguien que amo:

____

____

____

¿Cómo se ve tu vida diaria en 3 años? ¿Dónde vives, cómo trabajas, qué libertades tienes?

____

____

____

Decreto de la meta a 3 años:

"En 3 años vivo la libertad financiera que hoy estoy construyendo. Mis activos trabajan para mí. Mi linaje ya siente el cambio. Mi misión se expande porque mi base es sólida. Lo que hoy es disciplina, en 3 años es mi realidad ordinaria."

Firma:____

Fecha:____

VISIÓN A 5 AÑOS

El legado que el Administrador Fiel está construyendo

Fecha de hoy: ________________ Fecha meta: ________________

Mi ingreso mensual meta en 5 años es: $__________________

El valor total de mi patrimonio en 5 años será:

$__________________________

La cadena de escasez que habré roto para siempre en mi familia:

____

____

____

La misión o causa que mi riqueza estará financiando:

____

____

____

La persona en quien me habré convertido en 5 años — descríbela con todo el detalle que puedas:

____

____

____

Decreto de legado a 5 años:

"En 5 años mi riqueza tiene raíces profundas y ramas que dan sombra a quienes amo. No solo manifesté abundancia. La administré, la multipliqué y la convertí en legado. Soy el punto de quiebre de mi linaje. Lo que comenzó como un ritual de 15 minutos se convirtió en una vida de libertad. Hecho está."

Firma:____________________________________

Fecha:____________________________________

El Registro de Siembras

Lo que se da con conciencia, regresa multiplicado
Esta es la evidencia

La mayoría de las personas da y olvida. El Administrador Fiel da y registra.

No porque necesite llevar la cuenta con el universo. Sino porque el registro convierte la fe en evidencia. Cuando puedes ver en papel que sembraste el 3 de marzo y el 17 de marzo llegó algo inesperado, tu subconsciente deja de dudar. La ley de la cosecha deja de ser una creencia y se convierte en un dato personal verificable.

Este registro es tu prueba privada de que el universo responde.

Úsalo cada vez que des: dinero, tiempo, conocimiento, ayuda. Toda siembra cuenta. Toda cosecha merece ser anotada.

Cómo Usar este Registro

Cada vez que hagas una siembra, llena una fila completa en el momento en que das, no después. La intención con la que registras la siembra es parte del acto espiritual.

Cuando llegue una cosecha que sientas relacionada con esa siembra, anótala en la columna correspondiente. No analices si "cuenta" o no. Si lo sentiste como cosecha, es cosecha.

Al final de cada mes, cuenta tus siembras y tus cosechas. Observa el patrón. Deja que la evidencia hable.

Mes 1

MI REGISTRO DE SIEMBRAS

1

Fecha: ____________________

EN QUIÉN O DÓNDE SEMBRÉ:

____

TIPO DE SIEMBRA:

□ Dinero □ Tiempo □ Conocimiento □ Otro

MONTO O DESCRIPCIÓN:

____

DECRETO AL DAR:

____

____

____

FECHA DE COSECHA: ____________________

2

Fecha: ____________________

EN QUIÉN O DÓNDE SEMBRÉ:

____

TIPO DE SIEMBRA:

□ Dinero □ Tiempo □ Conocimiento □ Otro

MONTO O DESCRIPCIÓN:

____

DECRETO AL DAR:

____

____

____

FECHA DE COSECHA: ____________________

3

Fecha: ____________________

EN QUIÉN O DÓNDE SEMBRÉ:

____

TIPO DE SIEMBRA:

□ Dinero □ Tiempo □ Conocimiento □ Otro

MONTO O DESCRIPCIÓN:

____

DECRETO AL DAR:

____

____

____

FECHA DE COSECHA: ________________________

4

Fecha: ____________________

EN QUIÉN O DÓNDE SEMBRÉ:

____

TIPO DE SIEMBRA:

□ Dinero □ Tiempo □ Conocimiento □ Otro

MONTO O DESCRIPCIÓN:

____

DECRETO AL DAR:

____

____

____

FECHA DE COSECHA: ________________________

5

Fecha: ______________________

EN QUIÉN O DÓNDE SEMBRÉ:

____

TIPO DE SIEMBRA:

□ Dinero □ Tiempo □ Conocimiento □ Otro

MONTO O DESCRIPCIÓN:

____

DECRETO AL DAR:

____

____

____

FECHA DE COSECHA: ___________________________

6

Fecha: ______________________

EN QUIÉN O DÓNDE SEMBRÉ:

____

TIPO DE SIEMBRA:

□ Dinero □ Tiempo □ Conocimiento □ Otro

MONTO O DESCRIPCIÓN:

____

DECRETO AL DAR:

____

____

____

FECHA DE COSECHA: ___________________________

7

Fecha: ____________________

EN QUIÉN O DÓNDE SEMBRÉ:

____

TIPO DE SIEMBRA:

□ Dinero □ Tiempo □ Conocimiento □ Otro

MONTO O DESCRIPCIÓN:

____

DECRETO AL DAR:

____

____

____

FECHA DE COSECHA: _________________________

8

Fecha: ____________________

EN QUIÉN O DÓNDE SEMBRÉ:

____

TIPO DE SIEMBRA:

□ Dinero □ Tiempo □ Conocimiento □ Otro

MONTO O DESCRIPCIÓN:

____

DECRETO AL DAR:

____

____

____

FECHA DE COSECHA: _________________________

9

Fecha: ____________________

EN QUIÉN O DÓNDE SEMBRÉ:

____

TIPO DE SIEMBRA:

□ Dinero □ Tiempo □ Conocimiento □ Otro

MONTO O DESCRIPCIÓN:

____

DECRETO AL DAR:

____

____

____

FECHA DE COSECHA: _________________________

10

Fecha: ____________________

EN QUIÉN O DÓNDE SEMBRÉ:

____

TIPO DE SIEMBRA:

□ Dinero □ Tiempo □ Conocimiento □ Otro

MONTO O DESCRIPCIÓN:

____

DECRETO AL DAR:

____

____

____

FECHA DE COSECHA: _________________________

RESUMEN MENSUAL DE SIEMBRAS

Mes: ____________________

Total de siembras realizadas este mes: ______________

Total sembrado en dinero: $________________

Total de cosechas registradas: ________

¿Cuál fue la cosecha que más te sorprendió este mes?

____

____

____

¿Qué patrón observas entre tus siembras y tus cosechas?

____

____

____

¿A quién o dónde quieres sembrar el próximo mes?

____

____

____

Decreto de cierre del registro:

> *"Cada siembra que registré aquí es una semilla activa en el campo del universo. No llevo la cuenta para cobrar. La llevo para recordar que soy un ser generoso, abundante y fiel. Lo que di con gozo regresa a mí multiplicado. La evidencia está en estas páginas. La fe ya no es necesaria — tengo prueba."*

Este decreto se repite al final de cada mes con intención — cada vez que lo lees y firmas es un acto de renovación del compromiso.

MI REGISTRO DE SIEMBRAS

1

Fecha: ____________________

EN QUIÉN O DÓNDE SEMBRÉ:

____

TIPO DE SIEMBRA:

□ Dinero □ Tiempo □ Conocimiento □ Otro

MONTO O DESCRIPCIÓN:

____

DECRETO AL DAR:

____

____

____

FECHA DE COSECHA: ________________________

2

Fecha: ____________________

EN QUIÉN O DÓNDE SEMBRÉ:

____

TIPO DE SIEMBRA:

□ Dinero □ Tiempo □ Conocimiento □ Otro

MONTO O DESCRIPCIÓN:

____

DECRETO AL DAR:

____

____

____

FECHA DE COSECHA: ________________________

3

Fecha: ____________________

EN QUIÉN O DÓNDE SEMBRÉ:

____

TIPO DE SIEMBRA:

□ Dinero □ Tiempo □ Conocimiento □ Otro

MONTO O DESCRIPCIÓN:

____

DECRETO AL DAR:

____

____

____

FECHA DE COSECHA: ________________________

4

Fecha: ____________________

EN QUIÉN O DÓNDE SEMBRÉ:

____

TIPO DE SIEMBRA:

□ Dinero □ Tiempo □ Conocimiento □ Otro

MONTO O DESCRIPCIÓN:

____

DECRETO AL DAR:

____

____

____

FECHA DE COSECHA: ________________________

5

Fecha: ____________________

EN QUIÉN O DÓNDE SEMBRÉ:

____

TIPO DE SIEMBRA:

□ Dinero □ Tiempo □ Conocimiento □ Otro

MONTO O DESCRIPCIÓN:

____

DECRETO AL DAR:

____

____

____

FECHA DE COSECHA: ________________________

6

Fecha: ____________________

EN QUIÉN O DÓNDE SEMBRÉ:

____

TIPO DE SIEMBRA:

□ Dinero □ Tiempo □ Conocimiento □ Otro

MONTO O DESCRIPCIÓN:

____

DECRETO AL DAR:

____

____

____

FECHA DE COSECHA: ________________________

7

Fecha: ____________________

EN QUIÉN O DÓNDE SEMBRÉ:

____

TIPO DE SIEMBRA:

□ Dinero □ Tiempo □ Conocimiento □ Otro

MONTO O DESCRIPCIÓN:

____

DECRETO AL DAR:

____

____

____

FECHA DE COSECHA: ________________________

8

Fecha: ____________________

EN QUIÉN O DÓNDE SEMBRÉ:

____

TIPO DE SIEMBRA:

□ Dinero □ Tiempo □ Conocimiento □ Otro

MONTO O DESCRIPCIÓN:

____

DECRETO AL DAR:

____

____

____

FECHA DE COSECHA: ________________________

9

Fecha: ____________________

EN QUIÉN O DÓNDE SEMBRÉ:

____

TIPO DE SIEMBRA:

□ Dinero □ Tiempo □ Conocimiento □ Otro

MONTO O DESCRIPCIÓN:

____

DECRETO AL DAR:

____

____

____

FECHA DE COSECHA: ________________________

10

Fecha: ____________________

EN QUIÉN O DÓNDE SEMBRÉ:

____

TIPO DE SIEMBRA:

□ Dinero □ Tiempo □ Conocimiento □ Otro

MONTO O DESCRIPCIÓN:

____

DECRETO AL DAR:

____

____

____

FECHA DE COSECHA: ________________________

RESUMEN MENSUAL DE SIEMBRAS

Mes: ______________________

Total de siembras realizadas este mes: ________________

Total sembrado en dinero: $____________________

Total de cosechas registradas: _________

¿Cuál fue la cosecha que más te sorprendió este mes?

____

____

____

¿Qué patrón observas entre tus siembras y tus cosechas?

____

____

____

¿A quién o dónde quieres sembrar el próximo mes?

____

____

____

Decreto de cierre del registro:

> *"Cada siembra que registré aquí es una semilla activa en el campo del universo. No llevo la cuenta para cobrar. La llevo para recordar que soy un ser generoso, abundante y fiel. Lo que di con gozo regresa a mí multiplicado. La evidencia está en estas páginas. La fe ya no es necesaria — tengo prueba."*

MI REGISTRO DE SIEMBRAS

1

Fecha: ____________________

EN QUIÉN O DÓNDE SEMBRÉ:

____

TIPO DE SIEMBRA:

□ Dinero □ Tiempo □ Conocimiento □ Otro

MONTO O DESCRIPCIÓN:

____

DECRETO AL DAR:

____

____

____

FECHA DE COSECHA: _________________________

2

Fecha: ____________________

EN QUIÉN O DÓNDE SEMBRÉ:

____

TIPO DE SIEMBRA:

□ Dinero □ Tiempo □ Conocimiento □ Otro

MONTO O DESCRIPCIÓN:

____

DECRETO AL DAR:

____

____

____

FECHA DE COSECHA: _________________________

3

Fecha: ____________________

EN QUIÉN O DÓNDE SEMBRÉ:

____

TIPO DE SIEMBRA:

□ Dinero □ Tiempo □ Conocimiento □ Otro

MONTO O DESCRIPCIÓN:

____

DECRETO AL DAR:

____

____

____

FECHA DE COSECHA: ________________________

4

Fecha: ____________________

EN QUIÉN O DÓNDE SEMBRÉ:

____

TIPO DE SIEMBRA:

□ Dinero □ Tiempo □ Conocimiento □ Otro

MONTO O DESCRIPCIÓN:

____

DECRETO AL DAR:

____

____

____

FECHA DE COSECHA: ________________________

5

Fecha: ______________________

EN QUIÉN O DÓNDE SEMBRÉ:

____

TIPO DE SIEMBRA:

□ Dinero □ Tiempo □ Conocimiento □ Otro

MONTO O DESCRIPCIÓN:

____

DECRETO AL DAR:

____

____

____

FECHA DE COSECHA: ___________________________

6

Fecha: ______________________

EN QUIÉN O DÓNDE SEMBRÉ:

____

TIPO DE SIEMBRA:

□ Dinero □ Tiempo □ Conocimiento □ Otro

MONTO O DESCRIPCIÓN:

____

DECRETO AL DAR:

____

____

____

FECHA DE COSECHA: ___________________________

7

Fecha: ____________________

EN QUIÉN O DÓNDE SEMBRÉ:

____

TIPO DE SIEMBRA:

□ Dinero □ Tiempo □ Conocimiento □ Otro

MONTO O DESCRIPCIÓN:

____

DECRETO AL DAR:

____

____

____

FECHA DE COSECHA: _________________________

8

Fecha: ____________________

EN QUIÉN O DÓNDE SEMBRÉ:

____

TIPO DE SIEMBRA:

□ Dinero □ Tiempo □ Conocimiento □ Otro

MONTO O DESCRIPCIÓN:

____

DECRETO AL DAR:

____

____

____

FECHA DE COSECHA: _________________________

9

Fecha: ____________________

EN QUIÉN O DÓNDE SEMBRÉ:

____

TIPO DE SIEMBRA:

□ Dinero □ Tiempo □ Conocimiento □ Otro

MONTO O DESCRIPCIÓN:

____

DECRETO AL DAR:

____

____

____

FECHA DE COSECHA: ________________________

10

Fecha: ____________________

EN QUIÉN O DÓNDE SEMBRÉ:

____

TIPO DE SIEMBRA:

□ Dinero □ Tiempo □ Conocimiento □ Otro

MONTO O DESCRIPCIÓN:

____

DECRETO AL DAR:

____

____

____

FECHA DE COSECHA: ________________________

RESUMEN MENSUAL DE SIEMBRAS

Mes: ______________________

Total de siembras realizadas este mes: ________________

Total sembrado en dinero: $____________________

Total de cosechas registradas: _________

¿Cuál fue la cosecha que más te sorprendió este mes?

____

____

____

¿Qué patrón observas entre tus siembras y tus cosechas?

____

____

____

¿A quién o dónde quieres sembrar el próximo mes?

____

____

____

Decreto de cierre del registro:

> *"Cada siembra que registré aquí es una semilla activa en el campo del universo. No llevo la cuenta para cobrar. La llevo para recordar que soy un ser generoso, abundante y fiel. Lo que di con gozo regresa a mí multiplicado. La evidencia está en estas páginas. La fe ya no es necesaria — tengo prueba."*

Cierre
Manifiesto del Legado

Llegaste hasta aquí.

Eso no es un detalle menor. La mayoría de las personas compra libros de transformación financiera y los deja a la mitad. Tú no. Y esa diferencia — esa decisión de terminar lo que empezaste — ya es una prueba de que tu identidad está cambiando.

El Administrador Fiel no es alguien que lo sabe todo sobre el dinero. Es alguien que hace lo que dice que va a hacer, especialmente cuando nadie lo está mirando.

Has manifestado la riqueza porque dominaste el poder de tu mente. Tu éxito no fue suerte; fue el resultado directo de tu disciplina y de tu decisión de reprogramar lo que creías posible.

Ya no operas desde el miedo, sino desde la certeza. Ya no eres el manifestador que espera. Eres el Administrador Fiel que construye.

La Prueba Final de la Grandeza

La verdadera disciplina es convertir la obligación en deleite.

Tu Ritual de 15 Minutos no debe ser una carga. Tu reparto de cubetas no debe sentirse como una restricción. Tu 10% de inversión no debe doler.

Si alguna de estas prácticas todavía se siente como esfuerzo, no te preocupes. Eso es normal al principio. El músculo nuevo siempre incomoda antes de fortalecer.

Pero si después de 30 días de decretos, de registro de siembras y de presupuestos de certeza aún sientes resentimiento al ejecutar tu sistema, detente y pregúntate honestamente:

¿Estoy operando desde mi identidad nueva o desde mi programación antigua?

La respuesta te dirá exactamente dónde trabajar a continuación.

La prueba de que has roto la cadena de escasez no es el saldo de tu cuenta bancaria. Es que tu Ritual de 15 Minutos ahora se siente como un acto de gozo. Como algo que proteges. Como algo que extrañas cuando no lo haces.

Ese es el momento en que sabes que el Administrador Fiel ya no es un rol que estás practicando. Es quien eres.

Las Dos Preguntas del Legado

Antes de cualquier gran gasto o inversión, el Administrador Fiel se detiene y se hace dos preguntas. No como un ejercicio intelectual. Como un acto de alineación con su misión:

1. ¿Esta decisión sirve a mi misión? ¿Este dinero amplifica mi capacidad de hacer el bien, de crecer, de impactar? ¿O lo estoy gastando para llenar un vacío que el dinero no puede llenar?

2. ¿Esta decisión rompe la cadena? ¿El dinero que estoy usando es una bendición para mi linaje, o es un reflejo del miedo de mis antepasados que todavía vive en mí?

Estas dos preguntas no te paralizarán. Te liberarán. Porque cuando la respuesta es sí a ambas, gastas e inviertes con una paz que el consumidor nunca conoce.

El Mandato Final

Tu trabajo con el dinero no es solo tuyo. Cada peso que administras con conciencia rompe un patrón que quizás lleva generaciones repitiéndose en tu familia. Cada inversión que haces siembra una semilla que tus hijos y los hijos de tus hijos cosecharán. Cada acto de generosidad activa una ley que el universo lleva cumpliendo desde antes de que existieras.

No estás administrando dinero. Estás administrando legado.

Mantén tu Ritual. Honra tu Reparto. Multiplica tu riqueza. Rompe la cadena.

Eres el punto de quiebre.

El Manifiesto del Administrador Fiel

Léelo. Fírmalo. Vívelo.

Lee este manifiesto en voz alta una vez por semana. Léelo especialmente los días en que el miedo intente volver. Léelo cuando tengas dudas. Léelo cuando el Termostato de Escasez quiera bajarse.

Y luego actúa desde él.

Yo, ______________________________, declaro ante el universo y ante mí mismo:

Soy el Administrador Fiel de mi riqueza.

El dinero que llega a mi vida es honrado, ordenado y multiplicado. No lo gasto por impulso. No lo guardo por miedo. Lo administro con conciencia, con gratitud y con la certeza de que hay más en camino.

Ejecuto mi Ritual de 15 Minutos cada día porque sé que mi identidad se construye en lo cotidiano, no en los grandes momentos.

Reparto mis ingresos en el mismo día que los recibo porque el orden es mi acto de fe más poderoso.

Invierto mi 10% sin excepción porque ese dinero sagrado trabaja para mi libertad mientras yo duermo.

Doy con gozo porque entiendo que la generosidad no me empobrece. Me conecta al flujo infinito de la abundancia.

Me permito disfrutar sin culpa porque la abundancia no es solo para el futuro. Es también para hoy.

Llevo el registro de mis siembras y mis cosechas porque la evidencia fortalece mi fe más que cualquier afirmación.

Planifico mi riqueza antes de que llegue porque el universo envía el dinero a sistemas que ya están listos para recibirlo.

Rompo la cadena de escasez de mi linaje con cada decisión consciente que tomo. Lo que hago hoy con el dinero cambia el futuro de quienes amo.

No comparo mi proceso con el de nadie. Mi camino es único, perfecto y exactamente tan rápido como necesita ser.

Cuando el miedo aparece, ejecuto mi sistema. Cuando el impulso llega, hago una pausa. Cuando la duda intenta detenerme, recuerdo quién soy.

Soy un Multiplicador. Soy el punto de quiebre. Soy el Administrador Fiel que mi riqueza necesita.

Mi legado ya está siendo construido.

Firma: ____

Fecha: ____

Huella o sello personal: ___________________________

¡Hecho está!

Notas

Notas

Notas

Notas

Notas

Notas

www.ingramcontent.com/pod-product-compliance
Lightning Source LLC
LaVergne TN
LVHW040515210926
848480LV00005BA/1464
* 9 7 9 8 9 9 6 7 1 2 3 2 8 *